Otras obras por Rebeca Segebre

Un minuto con Dios para parejas

Confesiones de una mujer desesperada

El milagro de la adopción

Un minuto con Dios para mujeres

Confesiones de una mujer positiva

5 secretos que te impulsan al éxito

Mi vida un jardín

Afirmaciones divinas

Una nueva vida

Las siete virtudes del éxito

Símbolos de navidad

Planner Demos Gracias

Tú naciste para escribirlo

Editorial Güipil

Editorial Güipil. Primera edición 2020
www.EditorialGuipil.com

ISBN-13: ISBN: 978-1-7332447-8-7

Categorías: Inspiración / Formación Espiritual / Crecimiento Personal

Director creativo: Victor Aparicio

Dedicatoria:

A Jesús, quien hace posible que me mantenga siempre positiva aun en tiempos de crisis.

A mi familia, mis hijos David, Julia y mi esposo Victor, quienes en el momento de crisis, aceptaron el reto de abrir las puertas de Morning Ligth Church *(La Luz de la Mañana)* un espacio donde cada Domingo nos unimos a trabajar en equipo para impartir un mensaje de vida y esperanza a miles de personas de todo el mundo, siendo fieles a nuestro llamado de alcanzar e impactar con el mensaje de salvación a través de internet.

Elogios:

En este libro encontrarás una porción muy valiosa del corazón de Rebeca Segebre. Ella es mujer que ha bendecido mi vida en gran manera y me ha enseñado a transformar la crisis en una herramienta de poder en contra del desánimo, el estancamiento y la negatividad. Es una mujer que irradia luz porque es portadora de ella. Dios le ha otorgado una visión extraordinaria y ungida para ver lo mejor en otros y hacerlos florecer. Es admirable contemplar su pasión porque todo lo que hace está centrado en los principios del Reino. Una mujer amada por Dios y muy servidora, a la que vale la pena sentarse a escuchar.

Caroline Lallave
Miembro de la academia *Escribe y Publica*

Siempre que hablo de Rebeca me gusta decir que apareció en mi vida con la gloria de Dios. Ella toca mi corazón con sus palabras de forma delicada y a la vez valiente nos exhorta a cumplir nuestros proyectos. Siempre positiva. Siempre con una sonrisa en los labios y una lucidez infinita para leer las almas de quienes comparten su vocación. Distingo la manera en que nos ayuda a sacar lo mejor de nosotras y la preocupación que tiene por educar y brindarnos recursos fidedignos para cumplir nuestro propósito.

- Zailyn Olivera Cruz
Autora del libro *"Retazos del alma"*

A Rebeca la conozco hace más de quince años. La distancia no impidió que podamos seguir creciendo juntas. Eso es lo más notable de ella: siempre está creciendo, siempre con nuevos desafíos, e invitándonos a unirnos a ellos. Otro de sus atributos dignos de mencionar es: la generosidad; ella comparte sus conocimientos a través de cada uno de sus escritos, es ella muy transparente y real; a veces desafiando los estándares en cuanto a nuestro crecimiento personal al colocar la vara bien alta por amor y obediencia al Señor. Conocedora y hacedora de la Palabra, inspirada por Dios para llevar adelante Su obra. De su mano siempre tenemos crecimiento asegurado en cada emprendimiento realizado.

Carmen Morinigo
Miss Universo Paraguay 1999, psicóloga y directora de CPR Consultora

Estoy más que agradecida con Dios por la vida de Rebeca. Ella es una mujer extraordinaria que decidió creerle a Dios y ser un instrumento para hacer realidad los sueños de sus hijas, las mujeres valiosas. Rebeca me ha enseñado a tener visión, propósito y un plan bien pensado para cumplir con mi llamado divino. Aprendí que mis sueños seguirán siendo sueños sino decido tomar acción. Gracias por ser de bendición a mi vida y por ser esa esa mujer que inspira, equipa e imparte luz y vida a los sueños que estaban muertos en mi vida. Abrazos y besos.

Zujeyn Ríos.
Miembro de la academia *Escribe y Publica*

Conocí a Rebeca en el 2009, y desde entonces he podido observar su trayectoria como líder cristiana y autora. Si me pidieran que la describa en dos palabras, diría: persistente y apasionada. Creo, firmemente, que en este nuevo libro, ella no nos habla desde la teoría, sino que nos comparte de las lecciones que ha atesorado en su vida, al haberse mantenido positiva y salir victoriosa en tiempos de crisis.

¡Espero que, como yo, disfrutes y atesores esas valiosas lecciones!

Sandra Prieto
Miembro de la academia *Escribe y Publica*

Sí, confieso que he tenido muchas crisis a lo largo de mi vida y lamentablemente me la pasaba quejándome, llorando, atrapada en el pasado y sin esperanzas, pues solía *sobrellevarlas* y aparentaba que todo estaba bien. Pero llegó un momento que no pude más.

Dios, en su inagotable amor, puso en mi camino el ministerio de Rebeca Segebre y ahí vi sus emprendimientos en pro de la mujer, sus libros publicados y demás plataformas que ha creado. Cuando leí *Confesiones de una mujer positiva* y empecé a pensar y practicar el amor como ella nos lo sugiere, fue que mi vida se fue transformando, pues de la mano con su método del *Plan divino;* y hoy, con mi inseparable planner *Demos gracias*, es que estoy en la consecución de esos sueños que guardaba en mi corazón pero que no sabía cómo trabajar en ellos.

¡Gracias, Rebeca, por existir en mi vida! ¡Estoy ansiosa por tener en mis manos tu nuevo éxito literario!

Alfa Yanez
Miembro de la academia *Escribe y Publica*

Mi sueño

Dios mío, Dios mío
clamo a ti en oración
bendigo estos lindos días
porque llegó el maná.
Tiempo atrás solo soñé
una y otra vez lo proclamé
hoy por fin realidad es
mis escritos conocidos son.
Surgió el medio adecuado
a una mujer has usado
guiada por tu Espíritu.
Su humildad es tal
que se ha vuelto viral.
Autora de varios libros

como un minuto con Dios
y *El milagro de la adopción*
en las redes los verán.
Bendición es para muchas mujeres por doquier
Ellas se han dado a conocer.
Sus dones ocultos
hoy salieron a la luz
tocando frágiles vidas
llegando a su ser.
Rebeca Segebre les guía.
Ella, por el Espíritu de Dios,
se ha humillado realmente
y lo demás en realidad
¡historia es!

Elda Rosa Chávez
Miembro de la academia *Escribe y Publica*

Conocí a Rebeca en el 2017, fue unas semanas en las que Señor me habló y me dio algunas instrucciones. En ese tiempo yo no imaginaba ser una conferencista internacional y mucho menos una escritora, pero Rebeca tiene una fe que motiva, y que admiro por la comunión que tiene con Dios. Trabajar con ella fue un nuevo nivel en mi relación con Dios y conmigo misma, me enseñó a ver que lo yo nunca iba poder ver sola.

Dios es bueno contigo, querida amiga, y amo el gran proyecto de vida que tiene Dios para tu vida. Espero que este libro siga tocando vidas, como lo ha hecho con todos otros proyectos, y con los libros que nos ayudas a escribir.

Espero que la persona que lea este libro encuentre no solo un norte en medio de la adversidad sino también pueda ver que hay aun más que descubrir. Mientras hay vida podemos reinventarnos; yo soy testimonio de que siempre se puede reinventar en medio del dolor, crisis o adversidad. Gracias, Rebeca, por tu pasión, te bendigo cada día de mi vida. Y ahora, ¡a disfrutar de esta bella lectura, y siempre sé *Positiva en la crisis*! Tu amiga,

Majo Esquivel
Directora de S.E.R Usa y autora del libro *Belleza Inesperada*

Le agradezco a Dios el haberte conocido, no fue casualidad sino *Diosidad*. Eres un canal de bendiciones para mi vida y la de muchas personas. Gracias por dejarte usar por el Señor y por ayudarme a realizar mi sueño de escribir mi libro.

Lily Godoy
Miembro de la academia *Escribe y Publica*

Me encanta cómo Rebeca explica la historia de José, que no fueron sus hermanos, sino Dios que tenía un propósito para llevarlo a Egipto; no fue el Rey, sino Dios quien lo puso como administrador, consejero y gobernador de toda una nación. Gracias por inspirar a muchas personas a poner nuestros dones al servicio de los demás, a pesar de las crisis que enfrentamos. ¡Necesitamos creer, crecer y contribuir cada día!

Jenny Cossío V.
Miembro de la academia *Escribe y Publica*

Rebeca nos muestra que a través del agradecimiento recibimos la fuerza para enfocarnos y valorar lo que realmente importa. Al ser agradecidos en tiempos de crisis podemos ir a por más a la fuente de todo lo bueno en nuestras vidas.

Estoy agradecida con Dios por guiarme en una conexión divina con Rebeca y su esposo, Víctor, y todo su equipo de trabajo. Ellos son un matrimonio dinámico e innovador. En la academia Escribe y publica tu pasión nos da los recursos y herramientas necesarias para emprender nuestros sueños. Aun en medio de lo que estamos viviendo mundialmente, ellos abren las puertas en línea para obtener el entrenamiento adecuado y con excelencia dar, a través de un libro, el mensaje efectivo que Dios nos dio.

En estos tiempos de crisis, leer un libro como este con un mensaje nutritivo es de suma importancia para recibir, vivir y celebrar las bendiciones de Dios para nosotros.

Si tienes el llamado a escribir, y sabes que Dios puso en tu corazón ese sueño, te animo a dar rienda suelta a esa pasión, porque no estarás tranquilo hasta que honres a Dios y al escritor que hay en ti.

Rebeca, mi maestra que tomó de mi mano y me ha llevado por los recorridos desafiantes del arte de la escritura, me ha hecho llorar y también reír mucho. Sin prejuicios, ahora tengo la seguridad de exponerme entre mis manuscritos sin temor a que alguien allá afuera me lea.

Elizabeth Pérez
Miembro de la academia *Escribe y Publica*

Para mi es un honor el poder expresar mi agradecimiento y reconocimiento a Rebeca Segebre, autora que con gran esmero y dedicación a través de su trabajo llega con gran impacto al corazón y la vida de muchos. Se que este nuevo libro que nace, una vez más será de gran bendición a la vida de todo aquel que reciba lo que en el ha sido plasmado. Rebeca no solo te deseo todo el éxito, sino que se que tu mayor recompensa son vidas que como regalo pueden ser bendecidas. Con Amor,

Julissa Batista
Miembro de la academia *Escribe y Publica*

Quiero felicitarte, mi amiga y mentora, Rebeca Segebre, por el gran esfuerzo y valentía en compartir este mensaje, y sobre todo, por ser sensible a la voz de Dios y traernos cada enseñanza, consejería y dedicación. Gracias por enseñarnos a ser positivas ante la crisis, cada palabra de aliento que compartes son necesarias y nos levanta en estos momentos que estamos viviendo hoy día. Tus mensajes nos llenan de aliento y fuerza para enfrentar cada desafío que la vida nos pueda presentar.

Cada mañana que veo tus mensaje, es una recarga para levantarme con nuevas fuerzas para poder tener una actitud positiva. Gracias, Rebeca, por cada palabra que tocó y seguirá tocando mi corazón.

Zaida Ortiz
Miembro de la academia *Escribe y Publica*

Es una gran oportunidad contar con verdaderos referentes como Rebeca sobre un tema tan real y especial. Ser positiva en la crisis, se puede decir que fácil, pero no lo es, porque hay una inversión de energía emocional de nuestra fe y sobre todo de acción. Buscar es emprender; y cuando buscamos estar positivas somos emprendedoras. Gracias, Rebeca, por este libro.

Janissa Cosme
Fundadora de Acción Emocional y Coach de parejas,
Miembro de la academia *Escribe y Publica*

El libro de Rebeca, *Cómo mantenerte positiva en tiempo de crisis*, abre un panorama esperanzador en tiempos difíciles como los que vivimos. Ella hace uso de la suavidad del lenguaje que anima y logra adentrarnos hacia una perspectiva vencedora que nos ayuda a sabernos completos y felices. Rebeca, con su experiencia como autora exitosa, mentora y maestra, en su nuevo libro nos sumerge al cambio con una gran agilidad emocional para vencer el desánimo, y dar lugar a los valores que hacen nuestra vida más completa y plena.

Margarita Chulde
Promotora social en la prevención de la violencia
doméstica,
Miembro de la academia *Escribe y Publica*

Positiva en la crisis es un libro que te ayuda a desarrollar tu fe en los tiempos difíciles. Te da herramientas útiles y practicas para que puedas enfocarte en las cosas positivas de la vida aun en medio de los tiempos de crisis. Me encanta cuando la autora nos muestra que no estamos solos en tiempos de crisis, ni mucho menos somos los únicos que pasamos por estas situaciones en la vida. Nos enseña a confiar en la Palabra de Dios en todo tiempo, entendiendo que nos alienta y nos fortalece. Rebeca nos invita a apoderarnos de esas promesas que Dios nos ha entregado para cada momento de crisis y así tener una vida llena de paz, gozo y esperanza. Gracias a la autora por bendecir nuestras vidas con un recurso de vida.

Oneida Arnau
Consejera de parejas, conferencista y autora del libro
Duriendo con tu enemigo,
miembro de la academia *Escribe y Publica*

.

Me encanta el nuevo libro de nuestra querida Rebeca "Positiva en la Crisis" es una excelente herramienta para ayudarte en cualquier situación que estés atravesando bien sea en las finanzas, en tu matrimonio, en tu familia o en tu trabajo, de una manera dinámica. Rebeca te muestra el camino para alcanzar la victoria a través de ejemplos bíblicos ayudándote a poner tu confianza en el Señor quien es nuestra ancla firme. Aprenderás a vencer los desafíos de estos tiempos tan difíciles.

Quiero felicitar a Rebeca Segebre por este nuevo proyecto, estoy segura que será de gran bendición para muchas personas. Doy gracias a Dios por tu vida por que aun en medio de la crisis que estamos viviendo a nivel global el Señor te usa de gran manera para ayudar a muchas mujeres por medio de nuestra gran comunidad "Mujer Valiosa", gracias por ser mentora de mentoras que Dios bendiga tu vida, tu familia y tus proyectos. ¡Con cariño!

Milagros Veloz
Miembro de la academia *Escribe y Publica*

Desde muy pequeña experimenté cosas muy difíciles, pero aprendí a tener positivismo y a ser perseverante. También desde pequeña conocí del gran amor de Dios y eso me ayudo a mantenerme siempre positiva. Muchas veces la tristeza te puede hacer mirar hacia atrás, la preocupación te hace ver solo a tu alrededor, la depresión solo te hace ver hacia abajo. El miedo y la angustia te pueden hacer tomar decisiones equivocadas, pero con fe y positivismo siempre mirarás hacia arriba, siempre podrás levantar vuelo y emprender camino. Mantente siempre tomada de la mano de Dios. No importa lo que estemos pasando, Él esta con nosotros y saldremos vencedores, ayuda también a otros a mantenerse positivos, ora por los necesitados.

Quiero dar las gracias a Rebeca Segebre por su gran amor a los demás. Ella es una mujer que siempre está trabajando duro para mantener alas mujeres positivas, siempre esta motivándolas, ayudándolas a cumplir sus sueños de escribir sus propios libros, hablándoles y enseñándoles de la palabra de Dios.

Ana Gretell
Miembro de la academia *Escribe y Publica*

Siempre me cautiva la sencillez de una persona y esta vez no es la excepción. Rebeca Segebre comunica, transmite y modela a Dios en una manera profunda pero realmente sencilla. Sus palabras positivas acompañadas siempre de una dulce sonrisa, estoy segura que te cautivarán y tocarán tu corazón ya que están fundamentadas y respaldadas por Dios y su palabra escrita, para ser entregadas a ti como un gran regalo envueltos en el lenguaje más puro de su Amor.

Rebeca es una persona con una virtud extraordinaria que mientras la escuchas hablar posee la capacidad de tomarte de la mano para recorrer juntos, así conocer y explorar el maravilloso. *Mundo Positivo* mientras se atraviesa por caminos llenos de adversidad y aún en medio de toda circunstancia difícil, ser *Positiva en tiempos de crisis* más que perder, siempre te hará ganar.

Cardihitt Carillol
Miembro de la academia *Escribe y Publica*

Agradecimientos:

Agradezco a cada mujer que pertenece al brillante equipo de líderes de la comunidad *Mujer valiosa*. Ellas han entendido el poder del servicio; y en medio de la crisis del coronavirus me acompañaron a continuar la labor ministerial y decidieron entregar al mundo un mensaje de esperanza, brindando apoyo emocional y espiritual a miles de mujeres de todo el mundo a través de la cumbre *Mujer valiosa*.

¡Hemos hecho historia juntas!

Gracias, al equipo de Editorial Güipil por el empeño, amor y dedicación para publicar este y cada uno de nuestros libros.

Agradezco a mi esposo, Víctor, por colocar su increíble talento y energía en favor de nuestros emprendimientos. Gracias por mantener siempre una actitud positiva.

Contenido

Introducción

Las crisis pueden ser frustrantes; pero al mismo tiempo nos dan la oportunidad de aprender lecciones valiosas sobre la vida, sobre quiénes somos y quién es Dios.

Piensa en una crisis del pasado que te haya entregado un tesoro, ya sea porque te ayudó a apreciar algo que ya tenías, te entregó algo nuevo que es de inmenso valor o porque te hizo consciente de la verdad inconmovible que nos transforma: que la presencia de Dios siempre está a tu lado. Las Sagradas Escrituras nos muestran los pensamientos de Dios; y las historias allí narradas nos enseñan cómo manejar la vida, tanto en los tiempos buenos como en las crisis. Así que, cuando estudiamos sus historias, Dios nos entrega secretos milenarios que podemos aplicar a nuestras situaciones actuales. Esto es, cuando abrimos nuestro ser para oír al mismo Dios hablar a nuestro corazón.

Te invito a que me acompañes a estudiar la Palabra de Dios para recibir las instrucciones que necesitamos cuando estamos atravesando tiempos de crisis. Así que, estemos listos para recibir el alimento que fortifica nuestro espíritu, nuestra alma y también nuestro cuerpo en estos momentos cruciales.

En este libro vamos a comenzar con una declaración referente a la Palabra de Dios, porque nosotros vamos a estudiar la Palabra de Dios; y yo quiero que tú sepas cuáles son mis objetivos y los de la Palabra de Dios cuando es enseñada a tu vida. Es por esto que quiero que comencemos con esta declaración:

> «La Palabra de Dios es lámpara y luz que me muestra el camino. La Palabra de Dios es viva y poderosa, me da vida y me da el poder para vivir. La Palabra de Dios penetra mi alma y mi espíritu y me transforma. La Palabra de Dios sana mi cuerpo y mis huesos. La Palabra de Dios es mi alimento. Amén.»

EL PODER DE LA ACTITUD POSITIVA

Hay un poder en ser positivos. Es importante que nosotros entendamos que no estamos hablando de positivismo u optimismo irracional. Hay un poder en tener una actitud positiva ante las crisis; y nosotros como cristianos tenemos muchas razones por las cuales ser entusiastas.

Podemos mantener con una actitud positiva, aunque en la vida hayan situaciones que traten de arrancarnos la paz, porque nosotros podemos esperar en Dios y trabajar en nuestros sueños, mientras que el resto de las personas puede que estén con mucho temor.

No me tomen a mal, yo sé que a todos nos llega el temor, a todos nos puede llegar a la desesperación, pero no tenemos que quedarnos allí. Esa es la esperanza de nosotros, los cristianos.

En este estudio encontrarás consejos oportunos, y espero que te sirvan. Al final de este capítulo hallarás ejercicios prácticos. También puedes adquirir el *journal* de la mujer positiva, puedes descargarlo en www.rebecasegebre.org/positiva y también hacer los ejercicios que hemos creado para ti, para que nos puedas acompañar y participar de este maravilloso estudio.

¿Qué hacer para vivir de manera positiva?

Si somos pesimistas es fácil dejarnos arrastrar por el dolor, los traumas y la ansiedad causada por las circunstancias. Mientras escribo este libro, la humanidad entera está viviendo momentos desoladores debido al desafío de la COVID–19. Es fácil mirar las noticias y quedarnos con todo lo negativo que este virus está haciendo, y las amenazas que constantemente nos informan los gobiernos, médicos y periodistas. Es una gran tentación pensar en todo momento acerca de lo que está sucediendo y enfocarnos en descifrar el futuro basado en los pronósticos de las noticias adversas. Sin embargo, esto no le hace bien a nuestra alma, porque no tenemos el control de cambiar lo que acontece y utilizamos la mente para tratar de resolver lo que no está bajo nuestro poder.

La actitud positiva tiene un poder especial para liberarte de todo esto. Busca lo positivo en tu día a día, reconociendo la bondad de Dios en tu vida, colocándole intención a tus pensamientos y tu plan de acción diario, y pronto verás que ser positiva será un hábito de tu éxito.

Piensa y practica el amor

LA CIENCIA NOS DICE QUE HAY BENEFICIOS EN TENER UNA ACTITUD POSITIVA. Las emociones positivas pueden inundar nuestro cerebro con dopamina y serotonina, que son sustancias químicas que no solo nos hacen sentir bien, sino que crean una conexión entre los centros de aprendizaje de nuestro cerebro a niveles superiores. Las emociones positivas ayudan a crear otras emociones positivas. Además, los sentimientos y emociones positivas nos ayudan a organizar información nueva. Es decir, si estás estudiando o quieres aprender algo nuevo, necesitas tener una emoción positiva para retener esos datos por más tiempo y recordarlos más rápidamente cuando los necesitas.

Otra ventaja es que nos permite realizar y sostener más conexiones neuronales, lo cual nos permite pensar en una forma dinámica y creativa. Todos necesitamos tener esa creatividad que nos ayuda en momentos difíciles para poder decidir una salida, con la ayuda de Dios.

Asimismo, hace que seamos más hábiles en el análisis de datos complejos y la resolución de problemas.

Es increíble que si tienes una actitud positiva y alimentas las emociones positivas, vas a estar listo para tener estrategias y decidir cómo resolver los problemas cuando estos lleguen.

EL AMOR COMO EMOCIÓN

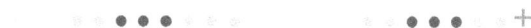

Ahora, la emoción positiva más fuerte de todas es el amor. Es por eso que nosotros hemos comenzado este libro con el primer consejo para vivir siempre positiva: «Piensa y practica el amor». El amor nos puede mantener en una actitud y emoción positiva, aún en medio de circunstancias difíciles.

¿Sabes? Jesús dijo: «porque *de tal manera* amó Dios al mundo». Si ves, nos dice que Dios nos amó de una manera especial. Y luego Jesús continúa diciéndonos qué tan especial es, y lo expresa así:

«Porque de tal manera amó Dios al mundo que envió a su Hijo unigénito para que todo aquel que en él cree no se pierda mas tenga vida eterna.»

Me detengo en la parte donde Jesús dice: *de tal manera*, de tal manera inmensa. Él nos da a entender que no es cualquier forma como Dios nos amó. Es un modo grande, poderoso, maravilloso: es un amor perfecto.

Lo primero que necesitamos para mantenernos positivos es creer que Dios realmente nos ama, porque tal vez lo sabemos porque lo leímos en la Biblia, pero no lo creemos de verdad. ¿Te has detenido a pensar en esto alguna vez?

CREER

Entonces, lo primero que necesitamos hacer para convertirnos en personas positivas es creer que el amor de Dios nos abarca a nosotros. ¿Y cómo lo creemos? ¿Cómo hacemos, si tal vez no lo hemos aceptado? Pues, tenemos que aprender a describirnos a nosotros mismos como personas amadas por Dios.

Si nuestro cerebro no tiene esto en su archivo de datos, entonces cuando atravesamos una dificultad o una crisis, siempre pensaremos: «Es que Dios no me ama. Él no está conmigo.» Tenemos que hacer un primer trabajo en nuestro propio cerebro.. Para ello, lo mejor es repetir y hacerle saber a nuestro cerebro que el amor de Dios es real para con nosotros.

¿Por qué esto funciona? Tal vez sientas que este ejercicio es un poco trivial o falso. Pero, recuerda, no vamos a decir solo lo que nosotros queremos sentir, sino lo que es verdad, porque es lo que dicen las Sagradas Escrituras. Entonces, debemos comenzar describiéndonos a nosotros mismos como somos vistos por Dios. Tenemos que ganarle la batalla a la negatividad, poniendo la atención en el amor de Dios y creyéndolo. Y si no lo creemos, la mejor manera es repetirlo, leerlo en la Palabra y repetirlo.

Te estoy pidiendo que repitas algo que es totalmente cierto, no solo es algo que parece bonito o propicio. Lo que deseo es que vayamos más allá y digamos algo que es bueno, propicio y maravilloso, pero también es real. ¿Por qué es real? Porque lo dice la Palabra de Dios. Dios es amor y además, es fiel, el no cambia. Su amor es eterno.

Un ejercicio que nosotros podemos hacer es que cuando estamos en la mañana en el baño, coloquemos esas palabras claves en el espejo. Por ejemplo, puedes comenzar colocando las palabras: «Yo soy amado», en el espejo de tu baño. Eso es algo que yo he hecho. También lo he puesto en todos los baños para que mis hijos también lo recuerden en todo momento.

Nosotros sabemos que somos amados porque lo leemos en las Sagradas Escrituras y por las mismas palabras de Jesús. ¿Estás de acuerdo conmigo en esto? Entonces tú y yo podemos repetir: «Yo soy amada, yo soy aceptada, yo soy suficiente». A eso me refiero cuando digo que debemos ser positivos.

Te invito a que hagas lo mismo. Puedes escribirlo, colocarlo en un espejo, colocarlo en tu oficina y, si puedes, repetirlo en la mañana, en la noche y de pronto, como yo, ya lo sabrás de memoria y podrás decirlo sin necesidad de verlo. Así que la frase del día de hoy es:

«Yo soy un ser amado y aceptado por Dios. Yo amo a los míos, mi comunidad y el mundo, con el amor que procede de Dios. Esto significa que yo practico el amor.»

Este capítulo se llama «Piensa y practica el amor», porque no es suficiente con pensar que somos amados, sino también debemos practicar el amor. En la parte final de este capítulo hay un ejercicio donde podrás describirte, basándote en la realidad del amor de Dios.

Ahora veamos con qué clase de amor somos amados. Lo más importante es que entiendas que este amor de Dios hacia ti es inagotable. No es lo mismo que lo que hemos aprendido sobre el amor entre humanos. Cuando escuchamos a las personas hablar del amor dentro del matrimonio, algunos dicen que es como un banco: depositas dinero y solamente tienes saldo disponible hasta que se te acabe ese crédito. Es decir, ya no hay más dinero depositado y, por lo tanto, se acabó el amor. Es como si hicieras depósitos de amor y sacaras depósitos de amor. Sin embargo, la Biblia nos dice que el amor de Dios es infinito. A mí me encanta este adjetivo calificativo del amor de Dios, y lo dice la Biblia en Salmos 89:2 (NTV):

«Tu amor inagotable durará para siempre; tu fidelidad es tan perdurable como los cielos.»

La versión Dios Habla Hoy nos dice:

«Proclamaré que tu amor es eterno; que tu fidelidad es invariable, invariable como el mismo cielo.»

Me gusta porque dice *proclamaré*. Si nosotros lo creemos, podemos proclamarlo, decirlo, declararlo. ¿Cómo es el amor de Dios con el que Él te ama? Es un amor inagotable, amor eterno, invariable. Me encantan esos adjetivos, ¿y a ti? Todo esto quiere decir que lo que te define es que eres amada con un gran amor. No es cualquier amor, es el amor de Dios, y ese amor tiene adjetivos calificativos únicos y preciosos.

Por otra parte, quiero que entiendas que Él te amó a ti primero. La historia de amor con Dios no es así: «Es que Dios me amó porque me acerqué a Él, porque decidí que quiero conocerlo y porque soy muy buena». Veamos lo que dice la Biblia dice en 1 Juan 4:10 (NTV):

«En esto consiste el amor verdadero: no en que nosotros hayamos amado a Dios, sino en que él nos amó a nosotros y envió a su Hijo como sacrificio para quitar nuestros pecados.»

Aquí nos dice que no fuimos nosotros los que amamos a Dios primero. Antes de que hicieras algo bueno, malo o terrible, pues ya el Señor te amaba. Es más, no importa si has hecho cosas grandes u horribles, el amor de Dios no cambia. No estamos hablando de circunstancias ni de consecuencias, estamos hablando del amor que Dios te tiene y la manera cómo te tratar y su actitud contigo. Él no cambia.

Leamos lo que dice Romanos 5:8 (NTV):

«Pero Dios mostró el gran amor que nos tiene al enviar a Cristo a morir por nosotros cuando todavía éramos pecadores.»

Dios se movió a la acción en amor por ti, por mí; no cuando vio que éramos buenos, sino cuando todavía éramos pecadores.

Dios tomó la iniciativa de enviar a su hijo Jesús. Esto te asegura que Él te conoce y te ama desde siempre. Él sabía los pecados que ibas a cometer; sin embargo, decidió que quería venir y morir en la cruz del Calvario porque te ama y porque quería que tú fueses salvo a través de su sacrificio.

Isaías 49:15 nos dice algo interesante acerca del amor de Dios. Dice que es mayor que el de una madre. A veces nosotros pensamos: ¿quién nos ama más en esta vida?¡Quién más que mamá!, ¿verdad? Pero la Biblia dice:

«¡Jamás! ¿Puede una madre olvidar a su niño de pecho?

¿Puede no sentir amor por el niño al que dio a luz?

Pero aun si eso fuera posible, yo no los olvidaría a ustedes.»

1 Juan 3:1 (NTV) dice:

«Miren con cuánto amor nos ama nuestro Padre que nos llama sus hijos, ¡y eso es lo que somos! Pero la gente de este mundo no reconoce que somos hijos de Dios, porque no lo conocen a él.»

Me encanta que dice ¡*eso es lo que somos!* Primero nos habla de la madre y nos dice: «Piensas que una madre podría olvidar a ese bebecito y abandonarlo, dejar de amarlo. Aunque eso suceda, yo nunca te voy a dejar de amar». Y por otro lado, 1 Juan nos dice que Dios nos ama y que somos sus hijos, o sea, nos ama como un padre ama a su hijo, pero Él es el Padre Celestial. Es como si nos dijera: «No solamente te amo como un padre ama a sus hijos, *sino que tú eres mi hijo y así yo te amo*».

El amor de Dios cambia tu vida, porque pasas a pertenecer a la familia de Dios. Es algo que tienes que aceptar y creer.

Esto es lo que creo que ha cambiado mi vida entera: haber conocido lo que dice la Biblia sobre el amor de Dios; pero también ha influido que yo haya entendido y aceptado que Dios me ama.

UNA HISTORIA DE AMOR

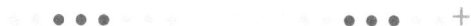

Creo que es oportuno contarte esta historia. Mis hijos nacieron en un orfanato, y puede que tal vez el versículo de Isaías les afecte, al pensar de que cuando ellos nacieron fueron dados a un orfanato. Sus madres quizá lo hicieron incluso antes de darles el pecho. Pero eso no quiere decir que no los amaron, porque escogieron darles vida.

Mi hija se llama Julia; y me encanta ese nombre porque quiere decir jovial, juvenil. Me parece muy hermoso y debido que su nombre empezaba con J, yo decía:

—Entonces a mi hijo varón, le voy a llamar Jonathan.

Para que los dos tengan algo en común, porque ellos son de dos culturas diferentes, pero son también casi como gemelos, ya que se llevaban diez meses. Pensé que sería hermoso que los dos lleven nombres que empiecen con J: Julia y Jonathan.

Adicionalmente, como madre adoptiva yo quería valorar sus raíces, pero también quería decirles que los amo; y que siempre que fueran mencionados por su nombre entendieran que son amados. Así que yo le puse a mi hija: Julia Amanda, que quiere decir Julia *Amada*. Quiero que, ella sea una niña tierna, y que cuando las personas la llamen por su nombre, ella sepa y recuerde que es amada porque su mamá la ama y que Dios la ama.

Entonces pensé en Jonathan, en mi hijo, y dije:

—Mi hijo no es un Jonathan. Él es como David, que nació para pelear, para guerrear y para vencer.

Desde muy niño tuvo que pelear contra enfermedades, tuvo que luchar para poder estar aquí, para hablar, caminar y hacer todo lo que hoy hace con la ayuda del Señor. Es un guerrero; y por eso, dije:

—Él es un David.

¿Y sabes qué es interesante? Que años después, busqué qué significado del nombre David, y cuando lo encontré, lloré de la emoción. David significa *amado*, no solamente *amado*, sino *súper amado*. Es una cosa hermosa. Así que hoy tengo a Julia *amada* y tengo a mi David *bien amado y querido*.

Un día, mi hija me preguntó cuál era mi segundo nombre; y yo le dije:

—Bueno, Julia, a la verdad no tengo segundo nombre.

Y me dijo:

—Mami, tú eres Rebeca Amada.

Esta afirmación de parte de mi hija hizo una gran diferencia en mi vida. Ella me dio mi segundo nombre, y lo recibí de parte de Dios.

He podido experimentar que el amor es la emoción más positiva de todas. El amor sana, te abre los ojos, los sentidos y te hace descubrir las posibilidades.

Lo inexplicable y maravilloso de las emociones positivas es que una lleva a la otra. Por ejemplo, el amor puede llevarte a la gratitud y la gratitud puede llevarte a la generosidad y luego a la compasión. El amor transforma. En particular, yo amo la persona en la que me he convertido cuando estoy con las personas que más amo, mis hijos. Soy amada. Y esa transformación es lo que nosotros queremos compartir en nuestra familia, en nuestra comunidad.

LAS EMOCIONES NEGATIVAS

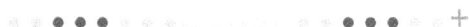

Le damos demasiado valor a las emociones negativas, especialmente al temor.

Las emociones negativas nos hacen ver sólo un punto. No permitas que esta emoción negativa del temor te haga ver solamente hacia un solo lado de la situación y te mantenga ocupado tratando de encontrar significado a todo lo que sucede, preguntándote porque paso esto, quien es el culpable de esto, etc.

Muchas veces estamos tan enraizados en esta forma de pensar, que si alguien se atreve a hablarnos de una emoción positiva, como el amor, lo descartamos y decimos:

—Ay, ya vienes tú con esas ideas positivistas.

Cuando estamos ese tipo de comentarios, nos asustamos y pensamos que lo que necesitamos es huir: salir corriendo y hacer todo tipo de cosas irracionales. Sin embargo, si nos sentamos y permitimos que la emoción más grande de todas y la más positiva, que es el amor de Dios, nos inunde el corazón, nos daremos cuenta de que nuestra mente, corazón, alma y espíritu estarán listos para tomar mejores decisiones.

Amiga, eso es lo que tú y yo necesitamos saber y entender. Eres amada, y eso es lo más importante. El amor es la emoción más positiva, así que ahora mismo busquemos lo que está sucediendo en el presente, y definámoslo de acuerdo a esa verdad.

LA SITUACIÓN DEL VIRUS GLOBAL

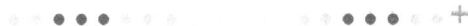

Pensemos en la pandemia del coronavirus que azotó al mundo entero más fuertemente en la primavera del 2020. Todos hemos sido afectados directamente o indirectamente. ¿Qué podemos hacer? ¿Cómo es que una actitud positiva nos puede ayudar aún en este momento?, ¿es simplemente algo frívolo? No.

Los beneficios de mantener esa emoción positiva al dejar que el amor de Dios nos inunde, son:

- Nos ayuda a definir lo que nos acontece pensando en la verdad de que Dios nos ama, haciendo más fácil inducir significado positivo a este acontecimiento que te está pasando ahora mismo, que tal vez no es muy positivo.

- Ser conscientes del amor de Dios nos lleva a crear más emociones positivas que contrarresten las negativas, al expresar aprecio y gratitud aceptando y observando el amor de Dios por medio de las cosas simples que tienes en este momento.

- Cuando nosotros empezamos a dejar que el amor de Dios inunde nuestro ser, tal vez lo que vamos a encontrar es que Dios, en lugar de hacernos concentrar en el temor y el miedo de lo que podría pasar, nos va a decir: «Alguien está pasando mal y tú eres la respuesta para esa persona»; y nos va a hacer sentir mucho mejor que sentarnos en la casa y seguir llorando por lo que está pasando en el mundo y lo que esto pueda significar en el futuro para nosotros. Nosotros podemos encontrar soluciones para los que necesitan más, siendo compasivos por ejemplo co los huérfanos, la mujer violentada, los que pasan injusticias, etc.

- Estar conscientes del amor de Dios y agradecerlo a diario va creando un "banco" de memorias positivas y de sentimientos positivos en nuestra mente. Estos depósitos de emociones positivas que experimentamos son indispensables para crear fortaleza para los momentos difíciles del futuro, amigos, porque van a venir también momentos difíciles en el futuro.

- Y quinto, considera que en Su amor, Dios permite que pases por esta situación actual como ejercicio de vida. Tú puedes beneficiarte de enfocarte en una nueva fortaleza propia que descubriste por medio de esta adversidad, ¿verdad?, y llegar a tener la resiliencia en tu interior para poder sobrepasar los momentos difíciles, cuando tú recibes de Dios esa oportunidad a través de Su amor. Su amor te da la capacidad de regresar a la definición original de Dios sobre ti, después de haber pasado por mementos de crisis, dolor y presión emocional.

DE LA CRISIS NACEN OPORTUNIDADES

● ● ●   ● ● ● +

Tú puedes encontrar oportunidades de negocios en el momento más difícil de tu vida. Nos ha ocurrido a nosotros como familia, en un momento que estamos viviendo zozobra económica debido a la pérdida del trabajo de mi esposo, sin embargo, al final fue un momento extraordinariamente maravilloso cuando Dios nos entregó un negocio que nos apasiona, está en el centro de su propósito para nuestras vidas para servir a otros y que encaja con los talentos y habilidades que hemos recibido de Él.

Así que, en estos días, si estás pasando por una crisis, ya sea personal o que el mundo entero esta pasando todo esto, nosotros tenemos una tarea importante que hacer, una tarea que tiene que ver con lo que decimos referente a lo que estamos viviendo. Para pasar de vivir la crisis a ver las oportunidades, algo importante debe cambiar en nuestra manera de hablar de la situación. Leemos en Proverbios 18:21 que «la lengua puede traer vida o muerte»; y continúa advirtiendo que «los que hablan mucho cosecharán las consecuencias». Adicionalmente, Santiago 3: 4 (NTV) nos dice que nuestra boca «es como un pequeño timón hace que un enorme barco gire adonde desee el capitán, por fuertes que sean los vientos».

AFIRMACIONES DIVINAS

• • •   • • •   +

Entonces, ¿qué debemos hacer? Repetir la Palabra de Dios, meditar en ella y afirmarla hasta que sea real en nuestras vidas; a eso yo le llamo *afirmaciones divinas.*

Afirmaciones divinas es afirmar lo que dice la Palabra de Dios y declararla con convicción. Debemos creerlo; entiendo que a veces dudamos y está bien. Pero, para poder atravesar victoriosos las crisis estresantes, es muy importante gobernar nuestra boca. ¡Hablemos vida a nuestras situaciones al hablar la verdad de Dios!:

«Yo soy aceptada. Dios no está enojado conmigo. Él me celebra. Él me perdona. Yo también me perdono.»

«Yo soy hija de Dios. Yo soy llamada con su amor, que es inagotable.»

«Yo soy una mujer auténtica, creada a la imagen de Dios.»

«Yo soy una mujer capaz y valiosa, puedo trabajar en mis sueños.»

«Yo soy fuerte porque la Biblia dice que puedo decir que soy fuerte. Yo digo: "yo soy fuerte aun cuando no lo siento". Dios me invita a decir: "Diga el débil, fuerte soy".»

«Yo soy próspera en mis proyectos porque Dios es el que me guía en todo.»

«Yo soy suficiente. Yo puedo sanar del dolor y reinventar mi felicidad con la ayuda de Dios.»

Una persona con actitud positiva piensa en lo que la define en términos positivos y reales. Así que, ahora mismo, piensa que Dios te ama, que Su amor te envuelve; y con ese mismo amor tú puedes envolver a los tuyos, a tu comunidad y al mundo que te rodea, porque a través de ese sentimiento, tú también puedes definir al resto de las personas.

Mi versículo favorito referente al amor de Dios se encuentra en Romanos 8:38-39, dice:

«Y estoy convencido de que nada podrá jamás separarnos del amor de Dios. Ni la muerte ni la vida, ni ángeles ni demonios, ni nuestros temores de hoy ni nuestras preocupaciones de mañana. Ni siquiera los poderes del infierno pueden separarnos del amor de Dios. Ningún poder en las alturas ni en las profundidades, de hecho, nada en toda la creación podrá jamás separarnos del amor de Dios, que está revelado en Cristo Jesús nuestro Señor.»

Y en los versículos 31 y 32 dice:

«¿Qué podemos decir acerca de cosas tan maravillosas como estas? Si Dios está a favor de nosotros, ¿quién podrá ponerse en nuestra contra? Si Dios no se guardó ni a su propio Hijo, sino que lo entregó por todos nosotros, ¿no nos dará también todo lo demás?»

La Biblia es clara en decirnos que Él lo entregó todo cuando nos entregó a Su Hijo; y si nos entregó a Su Hijo, nos dará también todo lo demás. Así que, hay que creerle a Dios que nos ama y tenemos que movernos en ese amor y no en el temor.

QUÉ NO HACER EN LA CRISIS

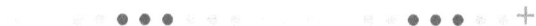

Ahora, ¿qué hace el amor? ¿Qué hace el amor prácticamente cuando estamos atravesando situaciones difíciles o no muy positivas? Bueno, yo te voy a decir *qué no hacer* cuando estamos pasando por traumas o huracanes en la vida.

1. No le contestes bruscamente a la gente a tu alrededor. Muchas veces nosotros estamos estresados; pero debemos dejar que el amor de Dios nos controle. De acuerdo a 1 Corintios 13, el amor no es rudo; por lo que no podemos responder con dureza a los demás, porque eso es lo que causa algo peor en nuestro ambiente, adicionalmente a todo lo que estamos sufriendo.

2. No dejes que pensamientos irracionales entren a tu mente y te dominen. Esto es lo que *no hace* la persona que tiene su conocimiento basado en el amor de Dios.

3. No pases tres horas en hipótesis en los medios sociales. Las posibilidades, todas esas profecías y el *esto y aquello* que puede estar pasando.

4. No entregues tu paz ni tu gozo en esta situación. No vivas en temor.

5. No minimices el sufrimiento de otros. No le digas: «Ah, si supieras lo que me está pasando. Encima de esto me está pasando esto y esto». Eso no es amor, eso no es actuar en el amor de Dios.

6. No te compares. A veces nos comparamos en términos de éxito o fracaso: «¿quién de todos es el más miserable?» Eso no es el amor de Dios.

7. No digas que todo lo malo que sucede es el juicio de Dios. Sé humilde, como el Señor Jesús.

Cuando le presentaron al ciego de nacimiento, a Jesús le preguntaron:

—¿Quién pecó, este o sus padres?

Él dijo:

—Ni este, ni sus padres. Él está así porque yo me voy a glorificar.

Entonces, ¿por qué no pensar que esta situación que estamos atravesando es porque Dios se quiere glorificar? Esperemos la gloria y honra de Dios.

Cuando estamos con temor no podemos ser estratégicos; es por esto que es muy importante que nosotros permitamos que la emoción positiva más grande que tenemos y que existe, que es el amor de Dios, inunde nuestro corazón. Permitamos que el amor de Dios y la fe sean los filtros de toda nuestra experiencia; de esa manera podremos tener una perspectiva diferente. Si el lente con el que miramos cambia, entonces todo cambia.

EL AMOR DE DIOS NOS PROTEGE

Las emociones son la energía que nos mueve. *E-moción*: energía en movimiento. Por eso debemos confiar en Dios y hacer el bien. Si confiamos en el Señor y en Su amor, podemos entonces no solamente pensar que Dios nos ama, sino también practicar el amor. Salmos 37:3 dice:

«Confía en el Señor y haz el bien; entonces vivirás seguro en la tierra y prosperarás.»

Así que el plan es confiar que Dios nos ama, y amar a los demás. Ese será nuestro plan de batalla espiritual. Cuando pasemos por situaciones difíciles no nos encerraremos en nosotros mismos para preguntarnos: «¿por qué yo?, ¿por qué a mí?»; sino que confiaremos en el amor inagotable de Dios.

Por otra parte, quiero mencionar una actitud negativa que he visto en algunas personas de la sociedad. Cuando otros lo están pasando mal, la gente piensa que lo malo es contagioso. Dicen: «se me va a pegar lo malo que ellos traen»?, y por eso no ayudan a los demás. Pero hoy quiero inspirarte a dejar brillar tu luz, esa luz de Dios en ti. Busca realizar actos de bondad; y ello no es solamente ir y ayudar a las personas que necesitan comida, sino dar lo que tienes en tu mano. Por ejemplo, debido a la pandemia por la COVID-19, nosotros hemos decidido ayudar a las iglesias que necesitan una página en internet. Nosotros estamos ofreciendo lo que está en nuestras manos y es entregarle las herramientas a los pastores para que puedan tener cultos por internet como si estuvieran presentes físicamente.

Ahora es tu turno, ¿qué puedes hacer tú? Puedes hacer algo que nosotros no podemos. Apunta tus ideas y puntos de acción. Piensa en acciones para poner en práctica el amor de Dios.

EL AMOR DE DIOS TE INUNDA

Él quiere inundar todo tu cuerpo, todo tu ser, a tu mente, tu espíritu con amor.

Hay una canción muy linda que dice: *Yo soy de mi amado y Él es mío*, y está basada en Cantar de los cantares. Así es que nos ve el Señor. Él nos ama con un amor inagotable y precioso. La canción dice:

Yo soy de mi amado y Él es mío

Su bandera sobre mi es amor.

Yo soy de mi amado y Él es mío

Su bandera sobre mí es amor.

Yo soy de mi amado y Él es mío.

Su bandera sobre mí es amor

Su bandera sobre mi amor.

Cuando nosotros miramos hacia arriba, tenemos que entender que hay un Dios que no nos discrimina y tampoco está molesto con nosotros. Lo que realmente vemos es la bandera de Él sobre nosotros y en nuestra casa. Ahora mismo tú puedes decir: «La bandera sobre la puerta de mi casa es el amor de Dios».

Esto es porque conocemos a Jesús como nuestro Salvador, le hemos entregado nuestras vidas y servimos a nuestro Señor. Su sangre ha limpiado nuestro hogar, ha limpiado cada uno de los miembros de nuestra familia y nuestro corazón le pertenece al Señor Jesús. Por lo tanto, esa bandera, ese estandarte que hay ahí, es el amor de Dios que nos protege.

El amor de Dios nos da vida. Nos llena de esa emoción positiva y real de que somos sus hijos y Él nos cuida.

IDEAS Y PUNTOS DE ACCIÓN

EJERCICIO

En mi baño tengo palabras claves escritas en el espejo para comenzar el día con una actitud positiva. Cuando me miro en el espejo, leo y repito en voz alta las frases que están escritas en frente de mí:

> YO SOY AMADA

> YO SOY ACEPTADA

> YO SOY SUFICIENTE

> YO SOY POSITIVA

Te invito a que hagas lo mismo con tu espejo y los de tus hijos, si fuese posible.

OTROS RECURSOS

Puedes seguir el **estudio bíblico** *Mujeres positivas de la biblia* basado en este libro.

También, hemos creado el Journal de la mujer positiva como un acompañante de este libro para maximizar tu experiencia.

Puedes adquirirlo aquí: **rebecasegebre.org/positiva**

Notas

Capítulo 2

Observa
lo bueno

Es FÁCIL QUE CAMINAR POR UN PARQUE y no darse cuenta de todas las plantas, los árboles y flores que están a nuestro alrededor, porque estamos *viendo* las cosas, pero no estamos *observándolas*. Puede que hay algo maravilloso en nuestro camino, pero ya sea porque se ha convertido en cotidiano o debido a que estamos metidos en nuestros propios pensamientos, no tenemos el enfoque para observar y disfrutar lo bueno que tenemos en frente de nuestros ojos.

He aprendido que para mantener una actitud positiva ante la vida debemos decidir a qué darle nuestra atención y qué es lo que nos detenemos a observar.

JESÚS OBSERVÓ
EL FRUTO DE SU DOLOR

Nuestro primer desafío al querer mantenernos positivos en momentos de crisis es aprender a considerar lo indispensable, lo crucial y decidir qué es lo bueno que tenemos y que vamos a observar con detenimiento.

La Biblia nos habla acerca de una profecía referente a Jesús muchos, muchos años antes de que Él viniera a esta tierra, y se encuentra Isaías 53:11. Aquí, el profeta nos revela algo interesantísimo acerca de lo que sería el sacrificio de Jesús en la cruz. Él habló de cómo Jesús *observaría su* sacrificio en la cruz por nosotros. Dice Isaías que:

«Cuando vea todo lo que se logró mediante su angustia, quedará satisfecho.

Y a causa de lo que sufrió,

mi siervo justo hará posible

que muchos sean contados entre los justos,

porque él cargará con todos los pecados de ellos.»

Esto me hace saber que Jesús pudo soportar el dolor porque no se encerró en mirar solo el sufrimiento, sino que Él observó en el futuro, el fruto de la aflicción de su alma y quedó satisfecho. Jesús se enfocó en el resultado que su dolor traería para la humanidad. En otras palabras, Él vio el hoy, nos vio a ti y a mí; y al observarnos como *el fruto* de su sacrificio, Él sintió que valió la pena. Creo que este detalle es algo sumamente importante que podemos aprender, de la vida de Jesús.

Nosotros los cristianos, todos los años en la primavera, celebramos su sacrificio y también celebramos su resurrección, lo cual es maravilloso porque el Señor Jesús sabía que iba a resucitar y que a través de su muerte y resurrección nos iba a dar vida como Él nos la prometió: una vida plena, abundante en la tierra y el cielo, una vez que vayamos a la morada celestial. Cuando recordamos su vida y sacrificio ¿qué podemos ver? ¿solo vemos algo muy doloroso?

Tal vez en la temporada de Semana Santa has visto videos o películas acerca de la crucifixión de Cristo. Yo, por lo general, trato de no verlas, porque la verdad es que no puedo entender todo el sufrimiento injusto que padeció; me estremece cómo el Señor Jesús hizo todo esto por nosotros y en nuestro lugar.

JESÚS OBSERVÓ CON COMPASIÓN

En los evangelios leemos sobre algunos de los milagros de sanidad que hizo Jesús, estos están como ejemplos y testimonio de lo que Él quiere hacer hoy en nuestras vidas. Vale la pena tenerlo en cuenta porque Jesús es aun hoy, nuestro sanador. Por medio de su sacrificio en la cruz recibimos sanidad, como dicen las Escrituras: «por sus llagas fuimos nosotros curados»; la sanidad es parte del *fruto* de la aflicción de su alma.

En el libro de Marcos, una de las primeras sanidades de Jesús es cuando el sana a un leproso. En la época que escribo este libro, vivimos en una pandemia mundial debido al coronavirus, el cual es extremadamente dañino, al punto que todos tenemos que estar separados los unos de los otros para evitar el contagio masivo. Esto me recuerda la vida de los leprosos en la época de Jesús. Ellos tenían que alejarse de la sociedad para no infectar a los demás; y cuando caminaban debían decir en voz alta:

—¡Cuidado! ¡Leprosos, leprosos!

Las personas escuchaban y se alejaban. De igual forma, hoy en día cuando vemos a otras personas, nos aislamos; tenemos que estar seis pies el uno del otro porque eso es lo que las autoridades nos han dicho que es bueno para nuestra salud y lo apropiado para prevenir el contagio. Tenemos que cuidarnos.

Pero la reacción de Jesús fue diferente. Mientras enseñaba, la gente enferma se le acercaba. La Biblia nos dice la Biblia en Marcos 1:40-41 (NTV):

«Un hombre con lepra se acercó, se arrodilló ante Jesús y le suplicó que lo sanara.

—Si tú quieres, puedes sanarme y dejarme limpio —dijo.

Movido a compasión, Jesús extendió la mano y lo tocó.

—Sí quiero —dijo—. ¡Queda sano!»

¡Jesús tocó al leproso! ¿Sabes qué significa eso? En aquella época no se podía tocar un leproso porque, espiritualmente, según las Escrituras, los hebreos consideraban que eso te convertía en una persona inmunda, tenías que lavarte y hacer todo tipo de ritos porque habías quedado físicamente impuro. La otra razón es porque había riesgo de contagio. Pero Jesús, movido a compasión, extendió su mano. Marcos nos dice que no fue el leproso quien tocó a Jesús, él leproso no se atrevió a llegar a Jesús, solo se arrodilló ante Él. Pero Jesús se movió, se extendió su mano y lo tocó, y le dijo algo muy importante que incluso se aplica e este momento:

«—Sí quiero —dijo—. ¡Queda sano!»

Quiero detenerme en esa palabra de Jesús. Si tú estás pasando por una enfermedad, quiero decirte que este mismo Jesús que se movió a compasión por un hombre leproso, hoy te dice lo mismo: «Sí quiero, queda sano».

Un milagro distinto

Otro hermoso milagro de sanidad se encuentra en Juan 4:46-50. El hijo de una persona importante estaba enfermo; veamos los detalles de esta sanidad:

> «En su paso por Galilea, Jesús llegó a Caná, donde había convertido el agua en vino. Cerca de allí, en Capernaúm, había un funcionario de gobierno que tenía un hijo muy enfermo. Cuando supo que Jesús había ido de Judea a Galilea, fue a verlo y le rogó

que se dirigiera a Capernaúm para sanar a su hijo, quien estaba al borde de la muerte.

Jesús le preguntó:

—¿Acaso nunca van a creer en mí a menos que vean señales milagrosas y maravillas?

—Señor, por favor —suplicó el funcionario—, ven ahora mismo, antes de que mi hijito se muera.

Entonces Jesús le dijo:

—Vuelve a tu casa. ¡Tu hijo vivirá!

Y el hombre creyó lo que Jesús le dijo y emprendió el regreso a su casa.»

Lo que nos muestra este milagro de Jesús no tuvo que ir y ver al joven para que este sanara; el funcionario no tuvo que llevar a Jesús hasta su casa para creer que Él podía sanar a su hijo. Jesús le dijo que volviera a su casa y su hijo viviría. Lo que sana son sus palabras, y esas mismas palabras están en la Palabra de Dios. Dios Todopoderoso quería que nosotros en el día de hoy tuviésemos acceso a sus palabras, a recordar quién es Dios, quién es Jesús y para qué vino; y para que nosotros aprendiéramos lo que puede suceder en nuestras vidas si estamos en la misma condición de necesidad.

El Señor le dijo que su hijo viviría, y el hombre creyó. Todo lo que hizo fue creerle, y con esa palabra, emprendió su camino a casa, él nunca le dijo:

—Pero si ni siquiera lo has visto, ¿cómo voy a saber si es verdad lo que dices?

Nunca dudó. Es más, lo que hizo fue ir a verificar su milagro. Dice la Biblia en los versículos 51 al 54:

«Mientras el funcionario iba en camino, algunos de sus sirvientes salieron a su encuentro con la noticia de que su hijo estaba vivo y sano. Él les preguntó a qué hora el niño había comenzado a mejorar, y ellos le contestaron: "Ayer, a la una de la tarde, ¡la fiebre de pronto se le fue!". Entonces el padre se dio cuenta de que la sanidad había ocurrido en el mismo instante en que Jesús le había dicho: "Tu hijo vivirá". Y tanto él como todos los de su casa creyeron en Jesús. Esa fue la segunda señal milagrosa que hizo Jesús en Galilea al volver de Judea.»

Espero que en este momento entiendas que solo la palabra de Jesús, la que está siendo hablada a ti en este momento, es suficiente para sanarte. Solo necesitas creer, ni siquiera necesitas que Jesús te toque. Solo necesitas creer que Su palabra es verdad y la enfermedad se puede ir. ¿Puedes creerlo? Entonces, ¡vamos a creerle al Señor por ese milagro!

OBSERVA CON LOS OJOS DE LA FE

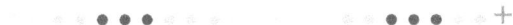

Para observar lo bueno tenemos que observar con los ojos de la fe. Debemos tener cuidado con nuestros pensamientos porque estos pueden cambiar de acuerdo a nuestro enfoque.

Si nos concentramos en cosas negativas, en las cosas terribles que están pasando en el mundo, en lugar de concentrarnos en la bondad de Dios, su compasión, poder y sanidad, podemos hacer que nuestra fe decaiga. Eso le sucedió al pueblo de Israel. Lo dice la Biblia en Números 13:1-2 (NTV):

> «El Señor le dijo a Moisés: "Envía hombres a explorar la tierra de Canaán, la tierra que les daré a los israelitas. Envía a un jefe de cada una de las doce tribus de sus antepasados".»

¿Cuál fue la intención de Dios con esta instrucción? Tal vez solamente era probar el corazón de ellos, porque el Señor los envió a una tierra que ya les daría. Más adelante, dice:

> «Moisés envió a los hombres a explorar la tierra y les dio las siguientes instrucciones: «Vayan al norte a través del Neguev hasta la zona montañosa. Fíjense cómo es la tierra y averigüen si sus habitantes son fuertes o débiles, pocos o muchos.

Observen cómo es la tierra en que habitan. ¿Es buena o mala? ¿Viven en ciudades amuralladas o sin protección, a campo abierto? El terreno, ¿es fértil o estéril? ¿Abundan los árboles? Hagan todo lo posible por traer muestras de las cosechas que encuentren». (Era la temporada de la cosecha de las primeras uvas maduras).»

Lo que yo entiendo es que Moisés quería evidencias de lo que habían visto. Después de probar la tierra durante cuarenta días, los espías regresaron a Moisés, Aarón y a toda la comunidad de Israel, e informaron lo que vieron y les mostraron los frutos que tomaron de la tierra. Esto es lo que dicen los versículos 27 al 33:

«Este fue el informe que dieron a Moisés: "Entramos en la tierra a la cual nos enviaste a explorar y en verdad es un país sobreabundante, una tierra donde fluyen la leche y la miel. Aquí está la clase de frutos que allí se producen. Sin embargo, el pueblo que la habita es poderoso y sus ciudades son grandes y fortificadas. ¡Hasta vimos gigantes allí, los descendientes de Anac! Los amalecitas viven en el Neguev y los hititas, los jebuseos y los amorreos viven en la zona montañosa. Los cananeos viven a lo largo de la costa del mar Mediterráneo y a lo largo del valle del Jordán".

Pero Caleb trató de calmar al pueblo que se encontraba ante Moisés.

—¡Vamos enseguida a tomar la tierra! —dijo—. ¡De seguro podemos conquistarla!

Pero los demás hombres que exploraron la tierra con él, no estuvieron de acuerdo:

—¡No podemos ir contra ellos! ¡Son más fuertes que nosotros!

Entonces comenzaron a divulgar entre los israelitas el siguiente mal informe sobre la tierra: "La tierra que atravesamos y exploramos devorará a todo aquel que vaya a vivir allí. ¡Todos los habitantes que vimos son enormes! Hasta había gigantes, los descendientes de Anac. ¡Al lado de ellos nos sentíamos como saltamontes y así nos miraban ellos!".»

Ellos decidieron divulgar solamente lo peligroso y le agregaron un poquito más de sazón a lo malo, ¿no crees? Me pregunto: ¿de dónde sacaron esas suposiciones sobre los enemigos? ¿Recuerdas cuál fue el reporte original? Entiendo si hubieran dicho: «existen y aún vimos entre ellos vivos, gigantes»; pero el informe decía: «*todos* los habitantes que vimos son enormes; todos, no algunos, sino todos». Y luego decían: «había hasta gigantes descendientes de Anac, (o sea de los más grandotes). Al lado de ellos nos sentíamos como un saltamontes y así ellos nos miraban a nosotros».

El informe que dieron al principio tenía su parte positiva y negativa. Pero después de ser sobrecogidos por el miedo, lo único que ellos veían era basado en sus suposiciones. Ellos decidieron observar con más detalle y colocar la lupa en las dificultades y no en las oportunidades. ¡Fue tanto el miedo que ellos dijeron que la tierra devoraba a las personas que vivían allí!

¿Cómo le llamaríamos a eso? ¿Verdad que se parece mucho a las exageraciones de algunos noticieros en nuestros países? En estos momentos en los que estamos pasando situaciones de crisis global encontramos a personas que comienzan con exteriorizar sus sospechas; y de un momento a otro ya no son sospechas, sino que hablan como si estas fuesen una realidad comprobada.

El 80 % de estos doce espías se enfocaron en el problema: solo Josué y Caleb observaron lo que Dios les había prometido. Lo que Él esperaba de su pueblo era creer que lo que parecía imposible se haría realidad, simplemente porque ya lo había prometido. Allí es donde Dios quiere que nos enfoquemos. Pero nosotros a menudo dejamos que la opinión de las personas, las malas noticias y los pensamientos negativos cambien no solamente nuestra actitud y nos pongan en modo de temor, sino que también cambien nuestro deseo de ir por lo que Dios nos prometió.

No pienses como piensan todos. Fíjate que Josué y Caleb decidieron ser diferentes y Dios no los trató igual que a todos. Los demás murieron en el desierto, pero Josué y Caleb llegaron y entraron en la tierra prometida. No imites la forma de pensar del resto, piensa pensamientos de poder, pensamientos positivos. Observa lo bueno que te está esperando más allá de la situación que enfrentas hoy.

¿Estás observando lo bueno? ¿Estás listo para entrar a *tu tierra prometida* de la que Dios ya te ha hablado? Pues entonces concéntrate. ¿Qué sería lo bueno en este momento? Observa lo bueno con los ojos de la fe, centrándote en lo que Dios te ha prometido.

ARMONIZA TU CORAZÓN

Salmos 125:1 dice:

«Los que confían en el Señor están seguros como el monte Sión; no serán vencidos, sino que permanecerán para siempre.»

Es un salmo que los israelitas cantaban mientras subían al templo a adorar al Señor y es algo que nosotros debemos hacer. El salmo continúa diciendo:

«Así como las montañas rodean a Jerusalén, así rodea el Señor a su pueblo, ahora y siempre.» (v. 2)

Nosotros vivíamos en la ciudad de Roanoke, Virginia, donde las montañas rodeaban la ciudad, y uno de verdad que se siente seguro. Así como esas montañas rodean a Jerusalén, así rodea al Señor, a su pueblo, ahora y siempre.

Hay un cántico precioso, una alabanza lindísima que dice que cuando me rodean los problemas, yo sé que el Señor me rodea más de cerca. Ese es el amor de Dios, como te compartía en el primer capítulo de este libro, que nos cubre y que es nuestro escudo.

El salmo que continua diciendo:

«Oh Señor, haz bien a los que son buenos, a los que tienen el corazón en armonía contigo.» (v. 4)

Ahí es donde yo quería llegar. Si los israelitas hubieran puesto su corazón en armonía con lo que el Señor les estaba prometiendo, Él les hubiera hecho mucho bien a ellos. Tú puedes decidir si vas a estar de acuerdo con Dios, si vas a alinearte a su proyecto, a su propósito, a su plan, a lo que Él está haciendo, al trabajo que quiere realizar por medio de ti. Dios siempre está trabajando, y en ese momento es cuando hay que decirle:

—Señor, quiero observar, quiero ver qué es lo que tú estás trabajando en mí para poderme alinear con eso.

¿Quieres que Dios te haga bien? Pues, alinea tu corazón al de Dios. Al hacerlo podrás ser y parecer atrevido. Puede que otros te vean tomar pasos de fe y te digan: «¿Qué te pasa?,

¿por qué estás actuando de esa manera?»; pero simplemente lo harás porque estás confiado pensando: «!Sí!, hay problemas, los problemas me rodean, pero el Señor me rodea más cerca. Su monte me protege». Así que esta es tu decisión. ¿Observarás lo que Dios te ha prometido y esperarás en confianza en Él o creerás lo que dice el resto?

OBSERVA CON LOS OJOS DE LA IMAGINACIÓN

Esta semana estuve monitoreando mis redes sociales. Normalmente no lo uso, pero esta semana estaba en Twitter mirando lo que estaba *trending*, y noté que las personas estaban promoviendo algo maravilloso. Era la luna.

Sucede que, una vez al año, parece que la luna creciera y cambiara de color; por eso le llaman la *luna rosada*, es la luna que viene con la primavera. En las redes sociales había fotografías de todos los rincones del mundo. Y como hemos estado aislados los unos de los otros y no hay manera de viajar, me llamó la atención ver cómo muchos estaban mirando esta misma luna. Algunos fotógrafos estaban ansiosos que llegara la noche. Mi hijo utilizó el mejor lente que pudo encontrar para poderla ver en su esplendor.

En Twitter vi una cantidad de imágenes preciosas. Habían fotografías tomadas por personas en Suecia, China, Rusia, Estados Unidos; y debajo de ese cielo común que tenemos, estaba esa luna y todos los que estábamos observando apreciábamos su esplendor. Es un espectáculo maravilloso y vale la pena observarlo. Al pensar en esta luna, me llenó de esperanza saber que el mundo está bien; me recordó que el mundo está en las manos del Señor y que ahí está la luna preciosa. No podemos vernos ni comunicarnos con todos los seres humanos de la tierra y preguntarles cómo está su situación con esto de la pandemia" pero al momento que muchos de nosotros decidimos fijar la mirada en un mismo punto y dar nuestra perspectiva de este acontecimiento majestuoso, como efecto secundario, esto nos deja saber que la tierra sigue rotando y que nuestro sol sigue alumbrando. Las voces altas de la crisis no han parado la naturaleza. El sol continúa mostrando su luz a través de la luna.

Recordé que nosotros somos como esa luna, no tenemos luz propia; pero el Señor es nuestro sol y Él nos alumbra. Cuando él los alumbra, podemos a su vez alumbrar la noche también.

Eso es precisamente lo que el Señor quiere que hagamos en esta época de crisis mundial en la estamos atravesando mientras escribo este libro. Sabes, después de los días de esta bella luna llena precisamente llega la Semana Santa donde celebramos la muerte y resurrección de Jesús.

Debido a la época que estábamos celebrando, recordé que cuando llegué a Rusia, a conocer a mis hijos David y Julia, era la época de Semana Santa. Allí se celebra abiertamente ya que hay un gran número de cristianos que se acogen a la Iglesia Rusa Ortodoxa, y la festividad dedicada a la resurrección de Jesús dura 40 días; desde el primer día se abren las puertas de todas las iglesias para representar que el Señor ha abierto las puertas del reino de los cielos para que las personas de todas las razas del mundo puedan entrar. Esto es maravilloso porque para celebrarlo, todas las personas cuando se ven se dicen: «Ha resucitado. Sí, en realidad ha resucitado». Es lindo porque no sucede un solo día, sino por los 40 días que simbolizan los días que Jesús estuvo en la tierra después de su resurrección.

Ese es el mensaje que quiero dejarte: el Señor ha resucitado. Él está vivo. Él vino a morir en la cruz del Calvario para luego resucitar y abrirnos esas puertas preciosas de entrada al reino de nuestro Padre Celestial. La Biblia dice que Jesús vino a este mundo no para condenarlo, sino para que el mundo fuese salvo por Él. Y cuando nosotros vemos acontecimientos a nuestro alrededor, entendemos que todavía tiene ese mismo propósito con el mundo. Él no ha cambiado de opinión. Él no está pendiente para ver cómo se comporta el mundo y a destruirlo. Cuando Él permite que una crisis llegue o una circunstancia difícil nos alcance, es porque nos está llamando la atención, para que tú y yo entendamos que todavía quiere tener una relación contigo y que tú todavía tienes oportunidad de entrar por esa puerta.

Lo más importante y lo más hermoso es que Jesús ha abierto la puerta al Padre no solamente para vivir una vida plena y abundante aquí en la Tierra, sino que cuando muramos podremos estar en la presencia de nuestro Padre Celestial y gozar de la vida eterna.

¿Te gustaría hacer eso en este día? ¿Te gustaría en este día tomar esa decisión de entrar por esa puerta que Jesús abrió para llegar al padre? Pues si es así, permíteme orar contigo. Dile:

«Señor Jesús, gracias por morir en la cruz del Calvario. Gracias porque allí tú llevaste mi pecado, mi enfermedad, mi vergüenza y mi culpa. Gracias porque me amaste de tal manera que viniste, no a condenarme, sino a salvarme. Yo acepto tu salvación, yo acepto tu amor y yo te recibo como mi Salvador y como mi Señor. Gracias Padre, por enviar a Jesús. Ahora sé que yo soy tu hijo. Amén.»

Notas

Capítulo
3

Saca
lo negativo

Sé que no es fácil sacar lo negativo de nuestras vidas, sobre todo cuando no lo podemos identificar. Si somos honestos, tener una actitud positiva se nos complica mucho cuando tenemos pensamientos negativos, cuando escuchamos comentarios perjudiciales y, sobre todo, cuando hemos fracasado.

Cuando somos niños escuchamos comentarios hirientes. A algunos nos llamaron por ciertos nombres que no son agradables; pero de alguna manera lo superamos y no dejamos que estas palabras nos definan por el resto de nuestras vidas. Pero vamos creciendo y escuchamos críticas, adicionalmente tenemos algunos episodios que nosotros etiquetamos como *fracasos*; nos resulta más difícil lidiar con esto cuando somos adultos porque todo se siente como una acumulación de memorias y pensamientos negativos y circunstancias adversas.

SACA LO NEGATIVO DE TU PRESENTE

Hoy te invito a sacar lo negativo relacionado a una situación en tu presente. Cuando pasamos por un acontecimiento doloroso, en el presente al cual nosotros catalogamos como algo negativo, pero al analizarlo, nos damos cuenta que no podemos hacer mucho acerca de lo que nos está sucediendo. Mi invitación es que nos dediquemos a hacer lo que siempre podemos hacer frente a una crisis: podemos sacar lo negativo que este acontecimiento, crisis o circunstancia podría dejar dentro de nuestro ser.

Vamos a leer lo que nos dice 2 Corintios 4:7-9 (NTV), que es muy interesante, y dice:

> «Ahora tenemos esta luz que brilla en nuestro corazón, pero nosotros mismos somos como frágiles vasijas de barro que contienen este gran tesoro. Esto deja bien claro que nuestro gran poder proviene de Dios, no de nosotros mismos. Por todos lados nos presionan las dificultades, pero no

nos aplastan. Estamos perplejos pero no caemos en la desesperación. Somos perseguidos pero nunca abandonados por Dios. Somos derribados, pero no destruidos.»

El apóstol Pablo dice que somos como vasijas frágiles, y es importante entenderlo por pasos:

- Somos una vasija; quiere decir que somos un contenedor de *algo*.

- Esa vasija también es frágil

- y luego agrega Pablo acerca de el mismo, que cuando se da cuenta que el está "bien" aun en medio de "tanto", esto deja bien claro que su resiliencia, o como lo cataloga el apóstol "nuestro gran poder" para poder sobrellevar las circunstancias, proviene de Dios.

Él está hablando del gran poder de Dios que opera en nosotros para ayudarnos a resistir las presiones que vienen a golpear nuestro vaso, el poder para hacer esto no es nuestro.

El apóstol nos dice que por todos lados nos pueden presionar las dificultades, esto es, por afuera venían dificultades, pero no nos aplastan por dentro. ¿Puedes ver a esa "vasija", que según el Apóstol, algo le sucede por fuera pero algo diferente se vive por dentro?, dice, estamos perplejos y confundidos por las situaciones que atravesamos. En la mente estamos turbados y con incertidumbre, pero en nuestra vasija interna, no caemos en la desesperación. ¿Lo puedes ver?, en la vida, cuando las circunstancias difíciles llegan y nosotros nos preguntamos:

--¿Qué pasó? ¿Cuándo pasó todo esto? ¡Esto no era lo que esperábamos!

Por supuesto que podemos quedar perplejos ante lo que sucede, pero dice el apóstol Pablo que nuestro vaso, el cual representa nuestra alma, y que además es frágil, no tenemos que dejar que se llene de eso que traen las crisis y que se llama desesperación.

CUANDO LA CRISIS PRESIONA NUESTRA ALMA

La expresión del apóstol pablo cuando dice que somos perseguidos por el mundo, pero nunca abandonados por Dios nos debe traer aliento en medio de la crisis. Tal vez estemos en una situación donde literalmente tenemos a alguien detrás de nosotros, persiguiéndonos con un arma para matarnos. También podemos ser perseguidos por nuestra raza, religión o porque las personas estén disgustadas con nosotros y hay un juicio en nuestra contra. Pero dice el apóstol Pablo que **podemos estar perseguidos, pero nunca abandonados por Dios.**

Muchas veces podemos sentirnos solos; en medio de una crisis, aun los amigos tienen miedo a identificarse con nosotros, pero el Señor nunca se avergüenza de nosotros y tampoco nos deja solos.

Somos derribados, pero no destruidos. Debido a la crisis, podríamos sentirnos como que nos derribaron de donde estábamos sentados, tal vez estábamos en un sitio de autoridad, en un empleo, en un lugar de liderazgo. Él Apóstol nos dice que él también ha atravesado por dificultades, pero con la ayuda del poder de Dios que actúa en el, no ha permitido que esas dificultades lo aplasten al punto de destruirlo. Una cosa es que te caigas del caballo y te sientas destruido y otra es que hayas sido derribado por un momento y decidas que el polvo no es tu destino y decidas que no serás destruido por completo por la situación que atraviesas.

Adicionalmente, creo que al Apóstol hablar de nuestra vida como ese vaso, quiere decir que todavía no somos inmunes a todo lo que en esta vida pueda acontecer, sobre todo los acontecimientos negativos, ya sea porque estamos en esta vida y situaciones difíciles acontecen como consecuencia de la caída del hombre o, porque somos seguidores de Cristo, o definitivamente por algo que nosotros mismos hayamos hecho y que a consecuencia de ello vivamos circunstancias difíciles, ya sean relacionadas a las finanzas o nuestras relaciones.

Entonces, en medio de una crisis, las dificultades nos presionan, pero me encanta porque las sagradas escritoras nos dicen: no debemos dejar que esto nos lleve a la desesperación. Entonces, la frase que me encantaría dejar contigo hoy es: nada es final, así que nunca digas si hoy fracasé, entonces soy un fracaso.

Muchas veces nos sentimos que hemos fracasado. Cuando nosotros hemos pasado por un divorcio o por una quiebra financiera, sentimos que hemos fracasado. Pero que hayamos fracasado hoy, no significa que seamos un fracaso. Pero más allá de todo eso, cuando sentimos que hemos fracasado, podemos levantarnos nuevamente con confianza en Dios. ¿Cuál es nuestra confianza? Que Dios está con nosotros y que podemos ahora comenzar nuevamente, cualquiera que sea el área en la que hayamos fracasado. Si fracasas en tus finanzas, el Señor puede levantarte. Si has fracasado en una relación, Dios puede restaurar esa relación o ayudarte a que de ahora en adelante, seas una persona completamente nueva y lista para comenzar de cero. El Señor es un Dios de restauración y él puede hacer eso por ti, con cualquier situación que tú estés pasando en el presente.

"Todos moriremos algún día. Nuestra vida es como agua derramada en el suelo, la cual no se puede volver a juntar. Pero Dios no arrasa con nuestra vida, sino que idea la manera de traernos de regreso cuando hemos estado separados de él." 2 Samuel 14:14 (NTV)

LO NEGATIVO DE TU PASADO
· · · **● ● ●** · · ·   · · · **● ● ●** · · +

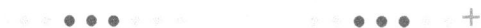

Te invito a decidirte a sacar lo negativo que te dejó el pasado de dolor y crisis pasadas. Lo que quiero con esto es dejarte saber que si nosotros tenemos hoy una circunstancia difícil y no somos proactivos en decidir cómo vamos a mirar esta situación y si a pesar de nuestros esfuerzos, llegamos al fracaso, esto es que, catalogamos lo sucedido como un completo fracaso, y nosotros nos sentimos como que necesitamos levantarnos, pero no lo hacemos, y nos quedamos en papel de víctima o amargados y arrastraremos esto a nuestro futuro, estaremos dañando todos los días que Dios nos conceda vivir. El problema aquí es que sino sanamos, entonces dañamos primero nuestro presente porque vamos a estar envenenados con lo que el dolor del pasado dejo en nuestras almas. Esta actitud puede escalar al punto que comenzamos a mirar a las personas del pasado como lo negativo. Y a veces si esas personas que estuvieron en el pasado involucradas en ese asunto negativo están en nuestro presente, nosotros pensamos incorrectamente que sacando a esas personas de nuestras vidas, va a salir todo lo negativo de nuestras almas.

Cuando estamos tratando con un pasado de dolor, hay tres cosas muy negativas que pueden llegar a nosotros y son las más dañinas. Yo hablo sobre este tema en detalle en mi libro *Confesiones de una mujer positiva*. Cuando pasamos por crisis y por traumas tenemos estas tres tentaciones:

Tentación #1: Aferrarnos a la auto condenación. Esto es cuando miramos lo que sucedió en el pasado y pensamos que no somos merecedores de nada bueno, que de ahora en adelante nuestra vida es un fracaso y eso es lo que seguimos siendo. Nos autocastigamos y muchas veces lo hacemos inconscientemente. Eso hace que seamos infelices en el presente; y cuando pensamos en el futuro hacemos lo mismo: nos condenamos. Nuestro presente se vuelve terrible y no hay esperanza para nuestro futuro.

Tentación #2: Aferrarnos al pesar y decir que somos víctimas. Cuando arrastramos ese peso horrible y cada vez que lo recordamos nos deprimimos, nos vamos a llorar o a contárselo a todo el mundo. Nos volvemos en personas que no pueden vivir plenamente el presente.

Tentación #3: Aferrarnos al temor. Podemos caer en el temor de que aquello que nos ocurrió puede volver a suceder. El temor nos paraliza y decimos: «No quiero nunca más tener una relación.», «Nunca, nunca más quiero tener un negocio porque me fue mal.»; y esto no nos deja tener un presente satisfactorio, y nos aleja de un futuro diferente que Dios quiere darnos. ¿No es esto terrible?

Estas son tentaciones nos llevan a quedarnos en emociones dañinas que perjudican internamente ese vaso tuyo. Hay muchas cosas sobre las que no tenemos control (sucesos que están a nuestro alrededor y que llegan a tocar nuestro vaso); pero sí tenemos control de las emociones que permitimos que entren en nuestro vaso.

¿QUÉ PODEMOS HACER NOSOTROS SI NOS ENCONTRAMOS EN ESTA SITUACIÓN?

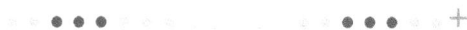

Amiga, necesitas entender esto:

- Puedes dejar ese pasado atrás y ya no decir que eres víctima.

- Hoy puedes asumir la responsabilidad por el lugar donde te encuentras. Si eres una mujer divorciada, tienes que dejar de pensar en el pasado y lo que fue ese matrimonio y tienes que tomar responsabilidad de lo que sucede hoy.

- No culpes a nadie, ni aun a ti misma.

- Seguir adelante. En lugar de quejarte, evalúa qué necesitas hacer. Hazlo porque Dios te da la fuerza; repite: «Yo puedo hacer todo lo que necesito, con la ayuda el Señor Jesús, Él es quien me da la fuerza y sabiduría».

- Pídele a Dios su ayuda para que puedas vivir el presente con gallardía. Pregúntale al Señor cuál es su plan para ti hoy y observa lo positivo que Él puede hacer con tu dolor.

Siempre digo que mi definición de felicidad es la intersección entre un presente vivido con gallardía y un futuro al que anhelamos llegar porque es claro y conciso. Saca lo negativo de tu presente no dejando que entre en tu vaso la desesperación, no permitas que allí hagan su residencia la amargura y la queja, no sigas buscando en los eventos del pasado las razones para quedarte en el presente con pena, con dolor y autocondenación.

SACA LO NEGATIVO QUE TE DEJARON TUS PROPIOS ERRORES

Lo peor que puedes dejar en tu vaso frágil y precioso que es tu vida, debido a tus propios errores, es la vergüenza; y para ilustrar este punto importante, quiero que miremos esta historia. La historia se encuentra en Juan 4 donde se nos habla por primera vez de una mujer samaritana que conoció a Jesús. Hoy quiero mirar algunas de las cosas que considero interesantes allí que tienen que ver con la vergüenza.

¿Sabes que he aprendido de mis propios errores? Que la vergüenza es el peor compañero que nosotros podemos tener. Esta mujer samaritana caminaba en el sol para ir *sola* a buscar agua. Sin embargo, una vez que conoció a Jesús, ella se fue a contarle a todos acerca lo que aprendió con Él.

ADIÓS VERGÜENZA, BIENVENIDA ASIGNACIÓN

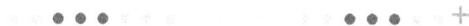

• • •   • • • +

Y eso es lo que yo quiero hacerte ver por medio del estudio de la historia que leemos en Juan 4 sobre una mujer anónima de samaria: la vergüenza quiere dejarte sola, quiere decirte que te alejes de las personas, te dice que las demás personas te condenan. ¿Alguna vez has escuchado la voz de la vergüenza? Ella nos dice mentiras y nos lleva a creencias paralizantes. Esto es a lo que se refiere la psicología cuando habla de pensamientos limitantes; muchos de ellos vienen debido a la vergüenza que sentimos por quiénes somos o en quiénes nos hemos convertido.

La mujer samaritana llegó por su cuenta al pozo de agua y quería estar sola, pero una vez que conoció a Jesús fue a hablarle a todos. ¿Puedes ver la diferencia? Primero quería estar sola, luego quería hablar con todos. Sola versus todos. Es increíble la transformación que Jesús hizo en la vida de esta mujer. Pero ¿quién era ella? ¿De dónde provenía su vergüenza?

- Por cultura, los samaritanos estaban acostumbrados al desprecio y la vergüenza. Esto era algo muy normal; en esa comunidad habían sido avergonzadas por siglos, era como una clase social o a una raza.

- En la época de Jesús, ser mujer era ser un ciudadano de segunda clase; por lo tanto, la samaritana era rechazada entre rechazados. Simplemente por ser mujer ya era despreciada, y por ser samaritana lo era incluso más.

- Además de ser repudiada por su cultura, era dejada de lado por indecente. Aparentemente, fue rechazada por cinco maridos (porque Jesús le dijo que ya había tenido cinco maridos) y creo que esto es lo que la llevaba a la vergüenza todos los días. No quiero juzgarla, como muchos lo han hecho, y decir que tal vez era una mujer de mala fama. Más bien podríamos pensar que se había divorciado varias veces por diferentes razones y estaba conviviendo con alguien sin ser casada.

Jesús le ofreció a esta mujer llena de vergüenza —y en una de las versiones de la Biblia nos dice que ella estaba empobrecida—, el agua de vida. ¡Imagínate! En aquellos tiempos se llamaba «agua viva» al agua que fluye, algo así como el agua de un río. ¿Y qué significa agua en ese entorno? Definitivamente, limpieza; que esa agua nos puede limpiar. ¿Cómo se sentía ella en el momento que llegó al pozo? Probablemente se sentía sucia. Lo sabemos porque la vergüenza nos hace sentir inmundos. Que se le haya acercado un hombre judío, pudo haberla hecho sentir insignificante y llevado a pensar: «Él es hombre, yo soy mujer; él es judío, yo soy samaritana; sé exactamente lo que piensa acerca de mí». Y cuando Jesús le dijo que sabía todo acerca de ella, ¿cómo se sintió? La respuesta más obvia sería sentirse muy despreciada; pero no fue así, de alguna manera se sintió aceptada porque Jesús le habló y no la ignoró. Ella estaba acostumbrada más bien a que la personas la ignoraran o hablaran mal de ella mientras pasaba. Sin embargo, Jesús la dignificó.

La conclusión muy personal que saco de esta interacción entre Jesús y la mujer de samaria es que cuando Él le dijo que conocía su pasado, en sus ojos no había reclamo ni acusación, sino que fue una mirada que decía: «Yo sé todo lo que has sufrido y se lo que has pasado». Tal vez ella supo que Jesús sabía cómo había sido maltratada, despreciada y cómo había quedado sola. Lo creo porque esta mujer no le respondió a Jesús con insultos cuando Él le dijo su pasado todo lo contrario, de allí en adelante, su historia comenzó a cambiar.

Al escoger hablar con ella, Jesús la honró. Y ella comenzó a hablarle de manera teológica, lo cual sugiere que era una mujer ya madura, y se atrevió a aceptar la conversación a Jesús. Cuando ella le empezó a hablar, Jesús no la ignoró y tampoco la calló. ¡No! Él contestó sus preguntas. Una de las cosas que ella preguntó tenía que ver con su condición de samaritana. En Juan: 4: 19-20, dice:

> «—Señor —dijo la mujer—, seguro que usted es profeta. Así que dígame, ¿por qué ustedes, los judíos, insisten en que Jerusalén es el único lugar donde se debe adorar, mientras que nosotros, los samaritanos, afirmamos que es aquí, en el monte Gerizim, donde adoraron nuestros antepasados?»

Es como si le hubiese dicho «somos rechazados por esto, pero es lo que creemos». Jesús respondió sus preguntas y le habló de dos puntos muy importantes que abordó por primera vez en las Escrituras:

Primero: La manera cómo se adora a Dios. Todas las personas que quieran alabar al Señor, adorarle, cantarle cánticos, tienen que leer este pasaje de la Escritura para entender qué clase de adoración busca nuestro Señor en la actualidad. El Señor se lo reveló, no a sus discípulos, sino a esta mujer samaritana.

Segundo: Es la primera vez que Jesús dice: «Yo soy el Mesías». Qué hermoso, ¿Te puedes imaginar esa escena? Imagínate, a esta mujer, a esta mujer avergonzada, empobrecida, la que tenía un cántaro. Yo me imagino que debido a su edad probablemente decía:

—Este cántaro. Me está pesando, ¿Cómo algo cotidiano puede ser tan pesado?, este cántaro pesa más cada día.

Sin embargo, era el día a día de ella y Jesús decide decirle a esta mujer: «Yo soy el Mesías». Al principio del libro de Juan, el apóstol hablando sobre Jesús, nos dice:

"Vino a los de su propio pueblo, y hasta ellos lo rechazaron; pero a todos los que creyeron en él y lo recibieron, les dio el derecho de llegar a ser hijos de Dios. Ellos nacen de nuevo, no mediante un nacimiento físico como resultado de la pasión o de la iniciativa humana, sino por medio de un nacimiento que proviene de Dios." Juan 1: 11 – 13 (NTV)

Los judíos no "recibieron" a Jesús como Mesías porque su visión del mismo había sido distorsionada, pensaban que el Mesías aparecería en su historia como a un hombre libertador guerrero. A ellos se les olvidó que el Mesías vendría principalmente paz con Dios y para proporcionar expiación por sus pecados. Pero este no fue el caso de esta mujer, ella vio en Jesús a su salvador.

¿Por qué a pesar de estar hablando con un hombre judío, que parecía saberlo todo por revelación divina, esta mujer no se sintió juzgada? Yo creo que el amor en los ojos de Jesús probablemente abrazó a la mujer samaritana. Conocemos a Jesús como un ser compasivo, sus palabras y su voz transmitían su corazón. Ella se encontró perdonada, entendida y aceptada en los ojos del maestro, dejo su vergüenza y su cántaro y se transformó instantáneamente en evangelista.

Quiere decirte que Jesús no se avergüenza de nosotros. Dice la Biblia que esta mujer dejó su cántaro de agua allí, (el que yo te digo que tal vez le pesaba mucho por los años) y se fue directamente a la ciudad a hablarles a todos. Tal vez se dijo en su mente "Yo sé dónde hay mucha más gente llena de vergüenza que necesita esta agua para limpiarse" Y me encanta la manera, tienes que leer Juan 4 en la Nueva Traducción Viviente, porque nos dice algo interesante de cómo ella fue a dar las noticias acerca de la persona que acababa de conocer. Ella sabía que era el Mesías, pero para como era una muy buena vendedora. Ella le fue tocando la puerta a todo el mundo, les dijo:

—Mira, me dijo todo lo que yo soy. Me habló acerca de mi vida.

A las personas les interesa, les interesaba saber que había una persona en el pozo y que esa persona sabía todo y podía leer tu pasado. Pero además ella le hacía la pregunta y les decía:

—¿Será que él es el Mesías?

Pero ella sabía que era el Mesías. Eso fue lo que Jesús le dijo. Sin embargo, por ser mujer dijo:

—No voy a decirlo yo. No voy a salir de teóloga aquí diciéndolo a todos: es el Mesías. Mejor preguntaré, ¿No será él el Mesías? Vayan y averigüen ustedes por sí mismos.

Qué hermoso, ¿Ves que esta mujer se convirtió en un heraldo del Rey? Ella es el primer evangelista de la historia. Y fue una mujer. Así que, qué hermoso de Jesús incluirnos y dejarnos participar de esto, de la salvación de las almas. Porque sabes, cuando llegó en el capítulo 8 de los Hechos, nosotros encontramos nuevamente que el Señor envía a Felipe a ir a esta ciudad de Samaria y allí, esta mujer samaritana ya había tenido décadas de haber estado hablándole a los hombres y a las personas acerca de Jesús. Pero no sólo eso. Cuando los hombres llegaron y las personas de esa ciudad llegaron y vieron a Jesús, comenzaron a hablar con él, tuvieron una relación personal con Él. Ahora se pudieron comunicar con Jesús cara a cara, uno a uno, porque esta mujer los llevó y cuando lo escucharon hablar, le dijeron:

—Tú no te puedes ir. Tú tienes que quedarte con nosotros. Ahora no solamente creemos por lo que tú no dijiste, sino que ahora creemos porque hemos tenido una relación con él, hemos hablado con él.

Y lo más lindo de todo es que Jesús se quedó con ellos dos días. Y yo me pregunto qué habrá hablado Jesús, qué habrá enseñado Jesús en Samaria esos dos días, porque si esta mujer tenía tantas preguntas, yo me imagino que todo el pueblo también los tenía. ¿Tienes preguntas en tu corazón? Qué hermoso que el Señor Jesús está listo para contestar nuestras preguntas.

Pero lo más hermoso, y lo que quiero que quede sellado hoy en tu corazón, es que el Señor puede quitar la vergüenza que nos han dejado nuestros errores pasados. Tal vez los cometimos a sabiendas que estábamos haciendo algo mal, o lo hicimos basados en las circunstancias negativas la vida; y luego nos sentimos como si fuéramos un fracaso o sentimos que somos criticados por el resto de la sociedad. Pero el Señor Jesús no hace eso. Él vino para darnos vida y vida abundante, y no solamente se lo ofreció a la mujer samaritana, sino también a ti que lees este libro.

Amiga, si permanecemos en vergüenza, no podremos movernos y nos alejaremos de la sociedad. El enemigo quiere destruirnos completamente, pero él solo puede derribarnos, como dice la Palabra de Dios en 2 Corintios 4:7-9, o sea hacernos caer; pero nosotros somos quienes decidimos levantarnos y correr a contar la victoria de Cristo en nuestras vidas.

Así que, años mas tarde, en el libro de los hechos de los apóstoles, se menciona que cuando Felipe llegó a Samaria, él pudo encontrar allí a una cantidad de personas, una cosecha grande, un trabajo de campo que hizo una mujer, una mujer samaritana; y es lo mismo que quiere hacer el Señor con tu vida. Él quiere que tú no te quedes en la vergüenza, no te quedes en el pasado, ni tampoco permitas que las situaciones del presente te dañen, dañen ese vaso interno tuyo. Definitivamente Él quiere sacar la vergüenza de tu vida y que tú entiendes que eres un ser amado.

. Yo quiero que tú recuerdes y mires bien claramente a esta mujer, porque era una mujer, lo cual la hacia un ciudadano de segunda clase. Sin embargo acepto de Jesús una asignación divina.

Es más, cuando los discípulos llegaron a Jesús y vieron a la mujer, ¿verdad? dice Juan 4:25-30 (NTV):

«La mujer dijo:

—Sé que el Mesías está por venir, al que llaman Cristo. Cuando él venga, nos explicará todas las cosas.

Entonces Jesús le dijo:

—¡Yo soy el Mesías!

Justo en ese momento, volvieron sus discípulos. Se sorprendieron al ver que Jesús hablaba con una mujer, pero ninguno se atrevió a preguntarle: «¿Qué quieres de ella?» o «¿Por qué le hablas?». La mujer dejó su cántaro junto al pozo y volvió corriendo a la aldea mientras les decía a todos: «¡Vengan a ver a un hombre que me dijo todo lo que he hecho en mi vida! ¿No será este el Mesías?». Así que la gente salió de la aldea para verlo.»

Entonces, es interesante ver que los discípulos no conocían nada acerca de esta mujer, solamente sabían que era una mujer y les parecía como que, por dentro de sus pensamientos, pero no se atrevían a decirlo en voz alta. "¿Por qué habla con una mujer? ¿Qué quiere de ella? ¿Por qué hablas con una mujer?" Entonces, esta mujer siendo considerada un ciudadano de segunda clase, simplemente por su sexo, porque era mujer, tenía adicionalmente en su contra el ser samaritana y además tenía en su alma la vergüenza que le traía su historia personal. Sin embargo, el Señor Jesús le dijo:

—Yo te voy a dar un agua que te puede limpiar y un agua que te puede dar vida.

Y es exactamente lo que el Señor Jesús nos ofrece cuando él dice: «Yo soy el Mesías». El Mesías vino a liberarnos de toda vergüenza, de todo pecado.

Cuando Jesús murió en la Cruz del Calvario, no solamente se llevó nuestro pecado, lo que hicimos mal, también se llevó nuestra culpa y nuestra vergüenza. Y estas son buenas noticias, sobre todo para nosotros, los cristianos, que una vez que hemos aceptado a Cristo hemos cometido errores y hemos pecado.

No sé tú, pero si somos realmente honestos podemos llegar a mirar tal vez algo en el pasado, tal vez algo ayer. No sé qué tan lejos tienes tú que llegar y pensar en que le hemos fallado a Dios y a veces no en cosas pequeñitas, a veces hemos fallado en cosas inmensamente grandes; pero podemos llegar a la cruz y entender que Jesús murió por tus pecados, no solamente los pasados, sino los presentes y futuros. Él no está sorprendido ni dice:

—No puede ser, ¿qué pasó?

¿Cómo lo sé yo? Porque Él no estaba sorprendido cuando Pedro le negó tres veces. El Señor no dijo:

—¡Uau!, ¿qué pasó, Pedro? Nunca me imaginé que tú hicieras eso.

Es más, el Señor le dejó saber a Pedro que él lo iba a negar tres veces y luego, después le lo sucedido, le dijo:

—Pedro, ¿me amas?

Le preguntó tres veces. Pedro sabía lo que el Señor estaba haciendo, recordándole que a pesar de todo, Jesús lo ama y que Pedro también amaba a Jesús. Igual el Señor quiere recordarte a ti esto bien importante:

Él en la cruz del Calvario no solamente llevó el pecado de Pedro antes de conocer a Jesús, Él también llevó ese pecado de Pedro cuando él negó al Señor Jesús. Y cuando nosotros pecamos ya conociendo al Señor Jesús, podemos llegar a la Cruz del Calvario, así como dice Juan, "si alguno hubiese pecado abogado tenemos en Cristo Jesús, el justo" Él es el justo, no nosotros, y Él es el que nos justifica. Entonces, lleguemos confiadamente ante el trono de gracia de nuestro Señor Jesús y dejemos allí nuestro orgullo, dejemos ahí esa sensación de que a Jesús no le costó mucho haber pagado por nuestro pecado, porque la realidad es que sí le costó, porque nosotros todos los días deshonramos al Señor, pero Él nos perdona y Él lo que quiere es que quitemos esa vergüenza porque él la llevó también en la cruz del Calvario, lo cual es maravilloso. Lo hizo para que nosotros podamos levantarnos y hacer el trabajo que Él necesita que hagamos en el día de hoy. ¿Cuál trabajo? El trabajo de evangelistas. El trabajo de llevar las buenas noticias de que Jesús es el Mesías, así como Él lo hizo con la mujer samaritana.

CUANDO LO EXTERNO ES EL REFLEJO DE QUE HAY ALGO PEOR POR DENTRO

• • •   • • •   +

Debemos tener en cuenta que cuando algo malo llega a nuestra vida solo saca lo negativo que ya está en nosotros. Para mostrarte esto, veamos la historia de Naamán que se encuentra en 2 Reyes 5. Al principio de la historia encontramos a un hombre maravilloso, bien presentado, que tiene una excelente reputación y un buen lugar en la sociedad; sin embargo, su salud tenía un problema: la lepra. Movida por la compasión, una jovencita esclava de su casa le dio la solución. Le dijo:

—El profeta Eliseo te puede ayudar.

Cuando Naamán fue a Eliseo, él le envió a su criado a decirle:

—Lo que necesitas hacer, es bañarte siete veces en el río Jordán.

—¿Me voy a bañar cuántas veces en el río Jordán? — Naamán se enojó muchísimo, y añadió—: ¿Quién soy yo para que este hombre ni siquiera venga o me examine? Pensé que él iba a salir de su casa y abrir la puerta, que me iba a tocar, iba a orar por mí y yo sería sano.

Naamán tenía una cantidad de expectativas referente a su milagro que no se cumplieron, estas estaban basadas en algo muy negativo: orgullo. Ese día, él aprendió que podía ser limpio, no de acuerdo a sus ideas ni a su manera, sino a la manera de Dios. Naamán fue y se bañó siete veces. Hizo todo lo que le mandaron. Obedeció lo que Dios dijo, y cuando lo hizo, quedó completamente sano, su piel parecía la de un bebé, dice la Biblia. Si él no hubiera obedecido, hubiera quedado leproso de por vida.

Lo que sucedió con Naamán es un ejemplo de cómo Dios salva nuestra alma y nos limpia de la enfermedad interna del alma llamada pecado. Muchas veces podemos ser como la mujer samaritana y estar lejos de la sociedad, vivir una vida de vergüenza y nunca llegar a Cristo. Pero también podemos ser personas importantes y tener debajo de nuestra ropa la lepra que ocultamos. Sea cual se nuestra situación, cada uno de nosotros hemos pecado y fallado a Dios. Ninguno puede decir en este mundo que tiene una vida perfecta y que nunca se ha equivocado. Así como aquella mujer y ese hombre de la historia necesitaban de Dios para poder ser limpios, tú y yo también necesitamos del agua viva.

Es por eso que en el día de hoy quiero invitarte a que aceptes esa agua viva, que aceptes a Jesús como tu único y suficiente Salvador. Y espero que tú puedas en el día de hoy tomar esa decisión y hacer una oración conmigo. ¿Te atreves? Buenísimo. Vamos a orar:

«Señor Jesús, gracias por venir a la tierra a morir por mis pecados. Yo reconozco que soy pecador. Reconozco que necesito un Salvador. Reconozco que tú viniste a la tierra para darme el regalo de la salvación, el cual yo recibo en este momento con mis manos abiertas. Yo decido ser un hijo de Dios a través de Cristo Jesús. Gracias, Señor, por este regalo maravilloso. En este momento, yo decido decirle *no* a la vergüenza y a la culpa, porque mi pecado, mi vergüenza y mi culpa tú le llevaste en la cruz del Calvario. Gracias, Señor Jesús. Escribe mi nombre en el libro de la vida y acéptame como tu hijo, Padre Celestial. Amén.»

Recuerda que podemos ayudar a que otras personas a lleguen al Señor, así como lo hizo la esclava de Naamán y la mujer samaritana. Cuando compartimos las buenas nuevas, las personas pueden cambiar sus vidas y salir del orgullo o la vergüenza. Nosotros podemos ser portadores de las noticias y decir que el Dios del cielo, el Dios Todopoderoso que tiene sanidad para nuestro cuerpo, para nuestra alma y nuestro espíritu.

Ten presente que sacar lo negativo es quitar todo lo que nos hace daño. Tal vez no puedes cambiar las circunstancias o el pasado, pero sí puedes arrancar lo que está dentro de tu vaso y que te está haciendo daño. Puedes sacar la autocondenación, el temor y la vergüenza, cuando llegas a Cristo, permites que limpie tu vida y empiezas a decirle: «Señor, yo voy a accionar para tener ese futuro y esa asignación que ya tú creaste para mí».

Capítulo
4

Inspírate
a la paz

RECUERDO QUE CUANDO VISITÉ BRASIL por primera vez, me sorprendí al ver que las personas en las iglesias se saludaban diciendo: «Gracia y paz, hermano». Esto es algo muy significativo, (no es cultural) porque toman el ejemplo de las cartas del apóstol Pablo. En el saludo inicial en sus cartas a las iglesias, por lo general, él decía: «Gracia y paz». No sé si en tu país de origen o si dónde vives también tienen esta hermosa costumbre. En el Antiguo Testamento, la bendición sacerdotal incluía la paz al final, era como decir que lo más importante de la bendición es la paz del Señor. En Números 6: 24 – 26 (NTV), dice así:

«que el Señor te bendiga, te proteja, que el Señor sonría sobre ti y que sea compasivo contigo. Que el Señor te muestre su favor y te dé su paz».

La paz es muy importante para nosotros como cristianos. Jesús es llamado, en la profecía de Isaías, como el príncipe de paz; y Jerusalén es la ciudad de Salem, la ciudad de Shalom, la ciudad de paz. Este *shalom* o paz involucran bienestar, ya que las Sagradas Escrituras nos prometen que tiene que ver con un estado de armonía en todas las áreas, y no está basada en lo externo.

Este tema extenso, pero quiero enfocarme en por qué es importante tener, mantener y construir la paz. Esto lo estudiaremos de acuerdo a lo que nos enseña Jesús en el Nuevo Testamento.

¿QUÉ ES LA PAZ?

La paz está definida en un sentido positivo, como un estado de nivel social o personal donde existe equilibrio y estabilidad de las partes de la unidad. También se refiere a la tranquilidad mental de una persona. En la sociedad, está definida como la ausencia de violencia o guerra en una nación, comunidad o en el hogar.

Para profundizar en la importancia de este tema, primeramente quiero que veamos la paz ante una pérdida.

LA PAZ ANTE LA PÉRDIDA

Jesús nos dice en Mateo 5:9 (NTV):

«Dios bendice a los que procuran la paz, porque serán llamados hijos de Dios.»

Me encanta que también dice en la NVI:

«Dichosos los que trabajan por la paz, porque serán llamados hijos de Dios.»

Aquí está Jesús en el famoso sermón del Monte hablándole a sus discípulos y las personas que lo seguían; y en ese sermón nos describe el tipo de personas que Dios considera dichosos o bendecidos. La Nueva Traducción Viviente utiliza la expresión *procuran* la paz y la Nueva Versión Internacional dice *trabajan* por la paz, lo cual significa que tener paz nos convierte en bendecidos. Adicionalmente, nos dice que ser personas de paz es algo activo, no es algo que llega solo porque lo deseamos, sino que hay que procurar y trabajar para obtenerla.

Jesús nos habla sobre muchas cosas en ese mismo sermón: adulterio, enojo, venganza y cómo tratar con los enemigos. Todas estas situaciones, si las miramos muy de cerca, pueden quitarnos la paz. Jesús nos dice que cuando las enfrentamos, debemos procurar la paz en términos de la armonía interna. Es interesante cuando lo vemos de esa manera, ¿Alguna vez pensaste en la paz como algo que se trabaja? A simple vista pareciera que lo que Jesús nos está diciendo es que seamos buenos, en términos de *no hacer daño a nadie*, aunque la gente se lo merezca, ¿Alguna vez te frustraste leyendo el sermón del monte? Pero esto puede ser más frustrante cuando enfrentamos una pérdida por causa de otro. O sea, cuando tenemos sentimientos de venganza, cuando tenemos sentimientos de enojo o cuando tenemos un enemigo peligroso enfrente de nosotros.

¿Alguna vez has sentido tu deseo de venganza? Estos sentimientos no solo nos dañan por dentro a nosotros como persona, por supuesto que sí lo hacen pero también provocan otras emociones negativas. Cuando decimos la palabra venganza suena bien negativo. Todos estamos de acuerdo en que si sentimos sentimientos de venganza, no es nada positivo y esto no va a traernos paz interior. Sin embargo, ese no es el peligro más grande que enfrentamos, no es solamente que está dañando nuestro vaso interior, sino que también no es un buen consejero a la hora de reaccionar. Entonces, leamos una enseñanza acerca de la venganza de lo que nos dijo el Señor en Mateo 5:38-39 (NTV), dice:

«Han oído la ley que dice que el castigo debe ser acorde a la gravedad del daño: "Ojo por ojo, y diente por diente". Pero yo digo: no resistas a la persona mala. Si alguien te da una bofetada en la mejilla derecha, ofrécele también la otra mejilla.»

Yo sé que hay muchas maneras de ver este pasaje de las Escrituras y muchas lecciones que podemos sacar de aquí, pero lo que yo quiero que nos enfoquemos aquí es en la reacción ante la pérdida y, sobre todo, lo que Jesús continúa hablando acerca de que si alguien te pide tu capa, que también le entregues no solamente la capa, sino algo más. Entonces, estamos hablando de que si alguien quiere quitarte algo, si vas a perder algo, déjalo. Y no solamente que lo dejes o permitas, sino que la palabra que Jesús utiliza aquí, el verbo que utiliza es no *resistas*, no resistas al malo.

Y esto me recuerda a la historia de Caín y Abel, porque cuando Caín mato a su hermano Abel lo hizo por dejarse llevar del enojo. Caín se sintió enojado y Dios le habló directamente, a Caín y le dijo

«¿Por qué estás tan enojado? —preguntó el SEÑOR a Caín— . ¿Por qué te ves tan decaído? [7] Serás aceptado si haces lo correcto, pero si te niegas a hacer lo correcto, entonces, ¡ten cuidado! El pecado está a la puerta, al acecho y ansioso por controlarte; pero tú debes dominarlo y ser su amo». Génesis 4: (NTV)

Parafraseando el texto, yo entiendo que Dios le dijo a Caín:

—Ten cuidado con esos sentimientos que tienes de enojo porque te pueden llevar a reaccionar y perderlo todo.

Y allí es lo importante que nosotros necesitamos, cuando hemos actuado mal o cuando las cosas nos salen mal, cuando hemos perdido algo. Caín perdió el favor de Dios, en el sentido que Dios escogió entre él y su hermano. Y si él hubiese dejado el asunto como Dios le instruyó, si hubiese dicho a si mismo:

—Cálmate, tú puedes mantener la paz interior. Tú puedes tener dominio propio y tú puedes decidir no actuar y reaccionar en ese sentimiento que tienes.

Si Caín hubiese hecho esto, la historia hubiera sido diferente, no solamente para Abel, el cual murió a manos de su hermano, sino también para Caín, porque Caín, una vez que él decidió responder, reaccionar a estos sentimientos de enojo que estaban cimentados en la envidia, no solamente mató a su hermano, sino que tuvo que huir por el resto de su vida. Su vida se perdió completamente. Entonces, lo que había perdido antes, que había sido simplemente el favor de Dios por un momento o una competencia con su hermano, o lo que sea que él lo haya visto o entendido de la situación. Él perdió algo y se enojó, pero ahora perdió más. Ahora tuvo que salir de la sociedad y si leemos la historia, considero que Dios tuvo que actuar de tal manera con él para guardarlo, porque creo que el resto de la humanidad que existía allí en esos momentos de la historia hubiese querido seguir vengándose de Caín y hubiese creado una ola de venganza sin límites entre los hombres de la tierra a causa de Caín.

Entonces, esta historia nos muestra y nos ayuda a entender que no solamente el sentir enojo nos daña, sino que también el reaccionar ante una pérdida y tener enojo nos hace reaccionar mal y perder aún más.

También podemos ver una historia más adelante en el libro de Génesis, es la historia de Esaú. Esaú también quería matar a su hermano porque tenía sentimientos de venganza. Quería vengarse porque sentía que su hermano le había quitado algo. Esaú sentía que había perdido algo (su primogenitura y la bendición de su padre) y aquí no estamos para decir si Esaú estaba en lo correcto o no, la verdad yo pienso que no, pero algunos piensan que sí. El asunto es cómo se sentía Esaú en estos momentos, que había perdido algo y tenía deseos de venganza. La Biblia dice que quería matar a su hermano. Entonces la mamá de Jacob, Rebeca, la esposa de Isaac, le dijo a su hijo, su amado hijo Jacob que se fuera huyendo. Ella entendía que era mejor perderlo todo, es mejor procurar la paz, es mejor que no resistas al malo que te ha dicho que te va a matar, es mejor que lo dejes todo y huyas.

Recuerda que Isaac fue bendecido en todo, incluyendo la parte material. Entonces, Jacob al salir y huir de su hermano para procurar la paz y no perder más de lo que había perdido, él hizo bien, pero se fue sin nada. Renuncio a su herencia. Dice la Biblia que en su bolsa llevó aceite de ungir, lo cual es importante porque luego unge una piedra, la que fuese su almohada la noche que vio en sueños la ciudad de Dios. Por esto llamó aquel lugar Betel, que es casa de Dios.

Jacob no solo dejó atrás su "capa", sino toda su herencia financiera. Creo que Rebeca hizo bien en ayudar a su hijo Jacob a mantener la paz con su hermano Esaú al huir de esa manera, porque ella sabía cuáles serían las consecuencias. Tal vez la historia de Caín y Abel se contaba muchas veces y Rebeca no quería repetir esa historia.

LA PAZ EN NUESTRAS RELACIONES

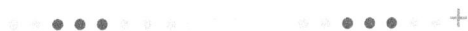

La paz en el hogar es muy importante, ¿pero cómo se mantiene la paz en el hogar? Jesús dice en Marcos 3:24-26 (NTV):

«Un reino dividido por una guerra civil acabará destruido. De la misma manera una familia dividida por peleas se desintegrará. Si Satanás está dividido y pelea contra sí mismo, ¿cómo podrá mantenerse en pie? Nunca sobreviviría.»

Es increíble que Jesús dice que hasta satanás mantiene la paz entre sus aliados. ¡Increíble! Esta es una buena lección para nosotros.

Jesús nos enseña que si un reino se divide en pequeños pedazos no permanecerá.

¿Por qué es importante la paz? Porque sin ella, una casa es gobernada por los pleitos y termina por destruirse por completo. Imagínate en el hogar, cada miembro de la familia diciendo: Yo reino aquí, este es mi pedacito. Un hogar así no puede permanecer en paz.

INSTRUMENTOS DE PAZ

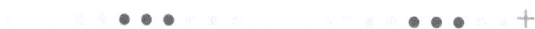

Nosotros somos llamados a ser instrumentos de paz en todo lugar, incluyendo nuestra comunidad. Algo muy inquietante es cuando hay peleas entre hermanos de las congregaciones o una comunidad cristiana, y comienzan a crearse feudos: «yo soy de fulanito», «yo soy de sutanito». Así pasó con Evodia y Síntique. En el libro de Filipenses, una de las cartas de Pablo, habían dos mujeres muy prominentes en la iglesia y fueron mencionadas no por algo bueno: habían peleado; y ese conflicto podía provocar división en la iglesia, lo cual también podía traer consecuencias devastadoras para toda la comunidad cristiana de la época. Así que Pablo escribió referente a ello:

> «Ahora les ruego a Evodia y a Síntique, dado que pertenecen al Señor, que arreglen su desacuerdo. Y te pido a ti, mi fiel colaborador, que ayudes a esas dos mujeres, porque trabajaron mucho a mi lado para dar a conocer a otros la Buena Noticia...»
> (Filipenses 4:2-3 NTV)

Estas dos mujeres habían trabajado al lado de Pablo para dar a conocer a todos la buena noticia. Aquí este pasaje nos habla acerca de las mujeres en el ministerio, lo importante que es nuestra participación y muestra que nosotras también podemos trabajar al lado de un apóstol, ayudándolo a evangelizar. Sin embargo, debemos tener cuidado y no causar problemas, ya seamos hombres o mujeres.

> «...Trabajaron junto con Clemente y mis demás colaboradores, cuyos nombres están escritos en el libro de la vida.» (Filipenses 4:3 NTV)

Debemos guardar la paz en nuestra comunidad para mantener la armonía. Debemos mantener la unidad y guardarnos de no causar divisiones dolorosas. Un buen consejo del apóstol Pedro referente a esto lo encontramos en 1 Pedro 3:10-11 (NTV):

> «Si quieres disfrutar de la vida y ver muchos días felices, refrena tu lengua de hablar el mal y tus labios de decir mentiras. Apártate del mal y haz el bien. Busca la paz y esfuérzate por mantenerla.»

Aquí hay dos verbos, (Notas como a mí me encantan los verbos), me encanta la *acción*, algo que yo puedo hacer; y aquí la Palabra de Dios me dice algo que puedo hacer. Escucho al apóstol Pedro decirme a mi:

—Rebeca, algo que tienes que hacer: busca la paz y algo adicional después de eso, es: esfuérzate por mantenerla.

Buscar la paz es algo que Dios nos está diciendo que debemos hacer. No es algo que llega, así por qué es parte de tu personalidad, o porque tienes un temperamento de pacificadora. No es un temperamento, amiga, es algo que nosotros debemos buscar y una vez que lo tenemos en nuestro hogar, en nuestra comunidad y en nuestro país, debemos esforzarnos en mantener. Los dos verbos son: Buscar y mantener. Hoy en día, tenemos mujeres que también son gobernadoras de países completos, entonces eso es también para ti que tienes una posición de liderazgo en el gobierno debes buscar la paz y esforzarte en mantenerla. En Efesios 4:3, dice el apóstol Pablo, hablándole ahora a la iglesia completa dice:

«Hagan todo lo posible por mantenerse unidos en el Espíritu y enlazados mediante la paz.»

Es increíble que el apóstol no utiliza el término *enlazados en el amor*, sino enlazados por la paz. Esto es debido a que él está hablando en este momento de la unidad. ¿Cómo se mantiene la unidad? Manteniendo la paz.

Entonces, ¿dónde más necesitamos paz? Pues yo considero que todos necesitamos paz mental. ¿Estás de acuerdo conmigo? Entonces, esta paz mental viene solamente de la confianza y la fe en Dios.

PAZ EN EL ALMA

● ● ● ● ● ● ● ● ● ● ● +

Cuando enfrentamos situaciones difíciles, los cristianos debemos tomarlo con la perspectiva correcta. Hemos estudiado en 2 Corintios, donde el Apóstol Pablo nos dice que somos como un vaso frágil. ¿Recuerdas eso de la lectura de los capítulos anteriores?, que hay circunstancias a nuestro alrededor que vienen y tratan de presionar ese pequeño vaso que es nuestra vida. Pero nosotros tenemos, de parte de Dios, una paz que sobrepasa el entendimiento. No hay manera que nuestra mente entienda que, a pesar de la tormenta que hay afuera y los vientos que azotan nuestra vida, dentro de nuestro vaso todavía podemos estar en paz. Pero esto es posible cuando tenemos perspectiva. ¿Qué clase de perspectiva? Los cristianos debemos mirar todo desde más arriba.

Recuerdo cuando era ingeniera de sistemas, cuando comencé mi trabajo, tenía un mentor. Mi mentor era el dueño del negocio; él me tomó en sus alas y usualmente me hacía preguntas referente al negocio:

—Rebeca, ¿qué crees que se debe hacer con esto que está pasando en la empresa?

Cuando daba mi respuesta, él me decía:

—Piensa más arriba; piensa más arriba.

Yo no lo entendía en aquel momento, pero hoy comprendo que se trata de tener la perspectiva correcta. He aprendido que si estoy mirando lo que tengo en frente de mis ojos, solamente puedo ver lo que tengo en frente. Pero si me subo a una montaña, si subo a una torre, entonces puedo tener una perspectiva mayor: estoy más arriba y puedo ver todo lo que está sucediendo.

Como cristianos debemos mirar desde una posición más arriba que las circunstancias que estamos atravesando. Debemos sentarnos allí donde dice el Señor que estamos sentados: junto con Jesús. Las Escrituras dicen que estamos sentados en lugares celestiales con Cristo; estamos a su lado y debemos mirar todo con esa perspectiva. Cuando tiene que ver con nuestra paz mental, debemos mirar las cosas con la perspectiva de tres verdades que nos sustentan:

Primero: Todas las cosas trabajan en conjunto para nuestro bien. Quiere decir que si algo malo está sucediendo, tenemos confianza en Dios. Es casi una promesa de parte de Dios lo que dice en Romanos 8, donde se afirma que todas las cosas, no importa cuáles, al final y en conjunto, van a trabajar para nuestro bien. Esto nos debe traer paz.

Segundo: Nuestros más preciados regalos, que ya tenemos, nadie nos los puede quitar. Amiga, si tú tienes a Cristo, tú eres una hija de Dios. Nadie te puede quitar eso. Tú tienes una herencia, una ciudadanía en el cielo, ¡gratis! Te la regaló el Señor y eso nadie te puede robar. Eso significa que las cosas realmente buenas nadie te las puede quitar.

Tercero: Lo mejor está por venir. Si miramos la vida desde esa perspectiva, tendremos paz y hay muchas otras cosas.

Quiero que decidas con qué perspectiva mirarás la vida.

Estas son algunas verdades que están más arriba que todas las crisis o problemas que pudiéramos atravesar, y debes tener presente en todo momento:

- El Señor está en control.

- El Señor me ama.

- El Señor tiene propósito para mi vida.

- El Señor aún no ha terminado con lo que Él quiere hacer conmigo en esta tierra.

- El Señor tiene cuidado de mí.

- El Señor, como dice el Salmo 91, está a mi alrededor y me abriga, me cuida. No importa lo que esté sucediendo, yo puedo sentir que así como la gallina que cuida a sus polluelos, así cuida al Señor de mí.

PAZ EN EL PENSAMIENTO

La Biblia dice en Filipenses 4:6-8 (NTV):

«No se preocupen por nada; en cambio, oren por todo. Díganle a Dios lo que necesitan y denle gracias por todo lo que él ha hecho. Así experimentarán la paz de Dios, que supera todo lo que podemos entender. La paz de Dios cuidará su corazón y su mente mientras vivan en Cristo Jesús. Y ahora, amados hermanos, una cosa más para terminar. Concéntrense...»

Fíjate en el verbo que se utiliza en este pasaje: *concéntrense*, no dice solamente que *pensemos*. La Biblia dice que debemos concentrarnos no en los pensamientos que a veces tenemos. No podemos evitarlos, pero debemos centrar nuestra atención en ciertos tipos de cosas; aquí la lista que nos entrega el Apóstol Pablo:

> «en todo lo que es verdadero, todo lo honorable, todo lo justo, todo lo puro, todo lo bello y todo lo admirable. Piensen en cosas excelentes y dignas de alabanza. No dejen de poner en práctica todo lo que aprendieron y recibieron de mí, todo lo que oyeron de mis labios y vieron que hice. Entonces el Dios de paz estará con ustedes.» (v. 8-9)

Este pasaje menciona la paz dos veces. Primero, lo hace cuando nos dice que nosotros, en lugar de preocuparnos, debemos orar. Y segundo, cuando dice que si nosotros nos concentramos en las cosas correctas, también experimentaremos paz. Dos ejemplos y dos instrucciones maravillosas del apóstol Pablo referentes a la paz mental. Sí podemos tener paz mental en tiempos de crisis y orar fácilmente: «Señor, hazme un instrumento de tu paz».

Es importante que nosotros entendamos que no estamos de casualidad en este momento de la historia. Recordemos a Ester. A veces, cuando cantamos las canciones que hablan de la reina Ester, todo suena muy romántico; pero cuando leemos el libro nos damos cuenta de que ella fue huérfana y fue escogida en un momento de calamidad. Una vez que fue coronada reina, la desgracia amenazó a su pueblo. Ella tenía que tomar una decisión que quedaría en los libros de historia.

El peligro y la crisis eran inminentes; pero Dios colocó a esta mujer en una posición de poder y ella buscó el consejo y la fortaleza de Dios en oración. La Biblia dice que en lugar de preocuparse por la situación, ella oró. El tiempo que le tocó vivir no era por casualidad, era el momento preciso para que ella sea usada como el instrumento de Dios para mantener la paz; no solamente para evitar una guerra contra su pueblo, sino para llevar paz a su nuevo pueblo: el reino de su esposo.

Muchas veces Dios nos coloca en algunos lugares altos, y por un tiempo disfrutamos de lo lindo que es estar allí; pero en este momento de crisis en la historia, si estás en un lugar de influencia en donde puedes ayudar a las personas, recuerda que Dios sabía que esta situación vendría y te puso en ese puesto para ser un instrumento de paz, así como Ester lo fue. Cree que también puedes ser como ella; que si Dios te dejó vivir en este punto de la historia, no por es casualidad. Dios te está llamando para que seas un instrumento de Su paz.

Paz con Dios

• • •   • • • +

¿Dónde más necesitamos paz? Querida amiga, tú necesitas paz con Dios. Y las buenas noticias es que Jesús vino a reconciliar a la humanidad con Dios. Sin Cristo, la Biblia dice que somos considerados enemigos de Dios; sin embargo, el regalo de la salvación es que podemos llegar a ser hijos de Dios. Entonces, yo no sé si tú alguna vez has entendido eso, que si tú no has recibido a Cristo como tu Salvador, tú eres considerado enemigo de Dios, y que lo que el Príncipe de Paz vino a hacer fue a reconciliarnos con Dios, a llevarnos por ese camino, hacer un camino viable para que tú camines de su mano y puedas llegar a ser ahora, no un enemigo de Dios, sino su amigo y su hijo, tener paz con Dios.

¿Estás tú listo para tener paz con Dios? Te gustaría decir Señor, yo quiero tener paz, yo quiero al Príncipe de Paz. Yo acepto su sacrificio en la cruz del Calvario. Yo entiendo que soy considerado enemigo de Dios, porque Dios es perfecto y castiga el pecado. Y yo soy un pecador desde que nací. Pero Jesucristo murió por mis pecados. Yo quiero aceptar ese sacrificio porque yo mismo no puedo, yo no puedo pagar por mi pecado, pero Jesús lo hizo. Yo quiero aceptar ese sacrificio, entiendo que El lo hizo por mí y lugar mío, quiero recibir ese regalo de llegar a ser un hijo de Dios. Si así es, te invito a que leas en voz alta y vamos a hacer esta oración:

«Padre celestial. Te damos gracias porque aunque somos no solamente considerados, sino que realmente somos tus enemigos, cuando hemos sido separados de ti por medio del pecado que hemos cometido, sabemos también que tú tomaste la iniciativa, tú hiciste el trabajo de la paz. Tu Señor, accionaste para que nosotros podamos volver a tener paz contigo. Y en este momento nosotros queremos decirte que aceptamos tu salvación, aceptamos tu regalo y te decimos: sí, Señor. Quiero tener paz contigo a través de Cristo. Gracias, Cristo, por morir en la cruz del Calvario, por traernos salvación de nuestros pecados.

Hoy te recibo como mi señor y salvador y sé que soy considerado desde ahora un hijo de Dios. Gracias, Señor, gracias por tu paz. Amén.»

Capítulo 5

Trabaja en tus sueños

CUANDO ERA JOVENCITA TUVE UN SUEÑO y luego le escribí un poema al Señor que decía algo así:

Señor, dame un sueño,

un sueño que no sea mío,

Señor, que sea un sueño tuyo.

Sueño con niños que te aman

Niños que te conocen y te sirven.

Dios me concedió ese sueño. Después de haber vivido en Barranquilla, Colombia, y haber trabajado con niños y jovencitos, a mis 24 años llegué a la universidad a estudiar teología en Minnesota. El Señor me recibió con una canción y sentí como que Él me la había dedicado; fue algo hermoso. Fue la primera canción en inglés que escuché, y decía:

Gracias por darle al Señor,

yo soy una vida que cambió.

Gracias por darle al Señor,

por eso hoy estoy aquí.

En ese momento pensé en el servicio que había prestado en mi juventud; el Señor empezó a mostrarme las caras de las personas a las que yo había servido. En aquel momento eran niños, pero hoy, tengo la satisfacción, el gozo y la felicidad de saber que muchos de ellos son líderes de iglesias inmensas alrededor del mundo. Ese era un sueño que Dios me había dado y Él lo hizo realidad ese sueño.

Cuando escuchas la palabra «sueño» o «soñar», ¿en quién piensas?, ¿quién es la primera persona que viene a tu mente? Martin Luther King. El reconocido pastor y activista dijo en su afamado discurso: «Yo tengo un sueño». ¿Cuándo fue que el doctor Luther King tuvo un sueño? Lo tuvo cuando vio la injusticia racial que había en los Estados Unidos. Igualmente, ahora estamos atravesando un momento histórico sin precedentes y de allí puede salir un sueño. ¿Qué estás soñando? ¿Cuál es tu sueño?

Muchos de nuestros sueños son parte del sueño específico para esta generación en la cual Dios ha decidido que vivamos. Así que, trabaja tus sueños, decide que hoy, a pesar de la crisis, vas a trabajar en ellos.

¿QUÉ SIGNIFICA TRABAJAR LOS SUEÑOS?

Hablemos de lo que significa poner esto en práctica en un contexto de crisis. Trabajar en nuestros sueños **es tomar tu lugar en el sueño de Dios** para esta generación. Significa creer que Dios tiene un sueño para ti. Implica crecer para ser la persona que Dios necesita que seas, y así contribuir:

- De manera especial, porque tú eres una persona única.

- Tú eres una persona que tiene talentos únicos

- y por supuesto, la posición que he dado Dios en el cuerpo de Cristo es también única.

Es momento para soñar y ponerte en acción; y para eso debemos hacerlo con fe y para tener fe hay que primero creer.

EL BORDE DEL MANTO DE JESÚS

Creer en nuestro sueños me recuerda a una mujer que se le acercó a Jesús. Ella estaba enferma porque tenía un flujo de sangre que no paraba; había estado en esa situación por más de 12 años y se le acercó a Jesús porque pensó: «Si tan solo toco su túnica, quedaré sana» (Mateo 9:21 NTV). Leamos qué fue lo que sucedió exactamente, en Lucas 8:43-44 (NTV):

> «Una mujer de la multitud hacía doce años que sufría una hemorragia continua y no encontraba ninguna cura. Acercándose a Jesús por detrás, le tocó el fleco de la túnica. Al instante, la hemorragia se detuvo.»

La razón por la cual pensamos que quizá ella se arrastró hacia Jesús es porque tocó el fleco de su túnica (llamadas *alas* de la túnica porque son los hilos que cuelgan de las ropas de los hebreos). Si ella tocó ese fleco, entonces palpó el borde de su vestidura; y cuando lo hizo, la hemorragia se detuvo al instante.

Es importante entender que esta mujer no solo tuvo fe. Hay muchos estudios que sostienen que esta mujer conocía acerca de la profecía sobre Jesús en el Antiguo Testamento, donde decía que el Mesías traería sanidad en sus alas:

> «Sin embargo, para ustedes que temen mi nombre, se levantará el Sol de Justicia con sanidad en sus alas. Saldrán libres, saltando de alegría como becerros sueltos en medio de los pastos.» Malaquías 4:2 (NTV)

Ella no lo había pensado al azar, sino que había una profecía acerca del Mesías, y ella creyó en esa promesa. Lo que importaba no era el manto, sino la persona que llevaba esa ropa, Él que tenía la unción y el don de sanidad. La mujer se acercó creyendo, y luego dijo las palabras correctas. Lucas 8:45-48 dice:

> «—¿Quién me tocó?, preguntó Jesús.

Todos negaron, y Pedro dijo:

—Maestro, la multitud entera se apretuja contra ti.

Pero Jesús dijo:

—Alguien me tocó a propósito, porque yo sentí que salió poder sanador de mí.»

Cuando la mujer se dio cuenta de que no podía permanecer oculta, comenzó a temblar y cayó de rodillas frente a Jesús. A oídos de toda la multitud, ella le explicó por qué lo había tocado y cómo había sido sanada al instante. "Hija —le dijo Jesús—, tu fe te ha sanado. Ve en paz."»

El sueño de esta mujer era ser sana y por eso dio el primer paso: creyó que el Mesías sana. Lo siguiente que hizo fue decir:

—Si tan solo tocare el borde de su manto seré limpia.

Ella lo creyó y lo dijo. Sus palabras demuestran que con ese acto reconoció a Jesús como el Mesías. Su sueño se convirtió en realidad ese día. Pero esa mujer no solamente tuvo fe y creyó, sino que se movió a la acción. Ella hizo una movida ágil y atrevida en medio de la multitud.

No sé si tú puedes entender esto del flujo de sangre, pero soy mujer y sé lo que es tener el período cada mes. A veces nos sentimos realmente débiles. Si dicha mujer pasó doce años sangrando, debía estar muy débil. Sin embargo, ella creyó y se movió en acción, una acción atrevida. ¿Por qué digo atrevida? Porque no vemos otro caso similar al de ella. ¿Serás tú esa mujer? ¿Serás la persona que dice: «Si toco el borde del manto de Jesús, yo también seré sano»? No hay borde del manto de Jesús que puedas tocar porque Él no está físicamente con nosotros; pero Su Palabra está aquí y nosotros debemos creer en ella. La mujer probablemente escuchó de la Palabra de Dios del Antiguo Testamento, una profecía acerca al Mesías que decía que Él traería sanidad en sus alas (el borde su manto); ella lo creyó y fue sana. Igualmente, a nosotros nos toca imitar su ejemplo y decir:

—Yo creo que Jesús es el Mesías. Yo creo que Jesús sanó a esta mujer y puede sanarme a mí.

TÚ PUEDES HACER REALIDAD TU SUEÑO DE SER SANO

Si una enfermedad es la crisis que estás atravesando, ya sea porque alguien de tu familia está indispuesto o tú eres la paciente, tienes una manera de hacer realidad tu sueño de sanidad. En esta historia bíblica, vemos una mujer que quería permanecer oculta, pero no pudo porque el Señor Jesús decidió que era **importante** que las personas supieran cómo fue que ella consiguió ser sana, porque al creer y tocar ese manto, estaba diciendo Él es el Mesías. Aquellos que estudiamos la Palabra, entendemos que Dios nos estaba dando una señal importante de que nuestro Señor Salvador Jesucristo es el Mesías esperado y que Él sana aun hoy.

Sé que tú puedes ser sana, si crees, no en mis palabras, sino en lo que dice la Palabra de Dios. Esta mujer está en la Biblia como testimonio, ilustración y ejemplo para nosotros de que si estamos en una crisis y nuestro sueño es que vamos a sanar, entonces es posible. Cuando tenemos sanidad podemos hacer muchas otras cosas. El Señor sabe que esta circunstancia que vivió esta mujer hace miles de años es muy parecida a muchas cosas que nosotros como seres humanos pasamos. Así que, haz como aquella mujer: cree y toma acción de fe. Levántate y empieza a caminar hacia el Señor. Si tienes un sueño, recuerda que el Señor concede milagros a aquellos que actúan en fe.

LA TÚNICA DE JOSÉ EL SOÑADOR

Hay momentos en los que el Señor nos da un sueño el cual utiliza para que crezcamos. Tú sabes que ese sueño viene de Dios, se lo cuentas a todo el mundo, te mueves en acción hacia el sueño, pero parece que nada sucede.

Eso pasó con José. ¿Recuerdas que José tuvo un sueño y se lo contó a todos? Sin embargo, Dios decidió utilizar ese sueño para hacerlo crecer. Su sueño no se hizo realidad inmediatamente. ¿Recuerdas que él tenía una túnica? Sí, esa túnica que le hizo su padre, la túnica era muy especial porque hablaba acerca de lo mucho que su padre lo amaba. Sin embargo, él tuvo ese sueño y se lo contó a sus hermanos. Sus hermanos tuvieron mucha envidia, lo cual es terrible, lo peor que puede pasar en el corazón de una persona y la envidia los llevó a desear matar. José era el primer hijo de Raquel. Raquel era la segunda esposa de Jacob. Yo me imagino que Jacob amaba a José mucho debido a esto, la Biblia dice que lo amaba porque lo tuvo en su vejez, pero también era el primer hijo con su amada Raquel y ella esperó muchos años para que Dios le concediera un hijo.

Entonces me imagino que los otros hermanos también le tenían un poquito de envidia por esa razón. Entonces ya cuando contó el sueño en el cual se daba a entender que José estaría en una posición de honor superior que todos sus hermanos, ellos quisieron matarlo, pero no lo lograron porque Dios preservó su vida, porque Dios tenía un sueño también.

El sueño no era de José. Dios le dio el sueño a José, literalmente, un sueño que él tuvo mientras dormía. El Señor preservó su vida y al final sus hermanos lo vendieron de esclavo. Yo sé que hoy en día también hay esclavos modernos, personas que son utilizadas de manera incorrecta, están presionadas por otras personas para hacer cosas que no quieren y así le sucedió a José. Sin embargo, allí donde él estaba como esclavo, fue vendido a la casa de Potifar. Él se comportó allí de acuerdo a su esencia, a lo que él es: lidera. Su sueño decía que él iba a ser líder entre todos sus hermanos, pues ese sueño más o menos se hizo realidad en la casa de Potifar, en el sentido de que estaba liderando. Le iba muy bien, dice la Biblia que todo lo que hacía José prosperaba. Entonces parecía que ya estaba comenzando a vivir parte de su sueño. Hasta que algo terrible pasó. La esposa de Potifar lo acusó falsamente de haber tenido relaciones sexuales con ella y fue llevado a la cárcel. José estuvo en la cárcel por más de doce años, pero allí también fue líder, allí también lideró en lo que él fue colocado a trabajar. Entonces, todos estos años, José sabía que Dios estaba con él y no abandonó su sueño. ¿Cómo lo sé yo?, porque donde él estaba, lo vemos que él está utilizando sus dones. Tú no ves a José en ningún momento decir:

—Estoy amargado.

O actuando en forma negativa, sino siempre actuando conforme a los dones y de acuerdo o a lo que él entendía del sueño que Dios le había dado.

Así que luego, la tercera vez que lo vemos en la historia, él sale de allí de la cárcel por interpretarle el sueño a otra persona, —lo cual es muy importante porque a veces nosotros tenemos sueños y tenemos muchos dones, pero en el momento que nosotros colocamos nuestros dones para el servicio de los demás, entonces nos convertimos en muy valiosos — y fue en ese momento cuando él salió de la cárcel, porque pudo interpretar el sueño de Faraón. Y no sólo lo interpretó, sino que dio la solución a una crisis nacional que se avecinaba. Al ser colocado ahora como segundo después de faraón, recibió de parte de Dios el favor y utilizó los dones que le había dado Dios para gobernar y para tomar decisiones sabias. Entonces, él desarrolló todos estos dones y todas esas capacidades, a pesar de todas las crisis que él vivió. Después de sufrir la esclavitud y la cárcel, José se encontró como segundo después del Faraón de Egipto para que dirigiera y administrara la riqueza en los siete años de abundancia y en los siete años de escases así como lo había interpretado en el sueño que había tenido Faraón. .

Así que, amiga, si estás pasando por una crisis y parece que de una cosa sale otra peor, no te detengas, no dejes de usar tus talentos, no dejes de soñar, no permitas que eso te amargue y renuncies a tu sueño y sobretodo no comprometas tu carácter. Porque así como José, puedes llegar en algún momento al lugar donde Dios te ha preparado para gobernar, administrar y ayudar. Para vivir plenamente tus sueños necesitas creer, crecer y también necesitas contribuir.

Vamos a leer la historia de José, lo que sucedió cuando los hermanos de José llegaron a pedir ayuda a Egipto debido a que estaban experimentando los siete años de hambre en la tierra y en el único lugar que había provisión era en Egipto. Allí se encontraron con este gran gobernante el cual ellos no se dieron cuenta en el momento pero era su hermano José. Vamos a ver lo que dice la Biblia en Génesis 45:1-8 (NTV):

«José ya no pudo contenerse. Había mucha gente en la sala, y él les dijo a sus asistentes: "¡Salgan todos de aquí!". Así que estuvo a solas con sus hermanos en el momento de decirles quién era. Entonces perdió el control y se echó a llorar. Lloraba con tanta fuerza que los egipcios podían oírlo, y la noticia pronto llegó hasta el palacio del faraón.»

Uno podría pensar que José está llorando amargamente, que se acordó de todas las cosas horribles que habían pasado, que había sido un tiempo de trauma, todo el pasado se le vino encima. Pero sigamos leyendo, dice:

«"¡Soy José! —dijo a sus hermanos—. ¿Vive mi padre todavía?". ¡Pero sus hermanos se quedaron mudos! Estaban atónitos al darse cuenta de que tenían a José frente a ellos. "Por favor, acérquense", les dijo. Entonces ellos se acercaron, y él volvió a decirles: "Soy José, su hermano, a quien ustedes vendieron como esclavo en Egipto. Pero no se inquieten ni se enojen con ustedes mismos por haberme vendido. Fue Dios quien me envió a este lugar antes que ustedes, a fin de preservarles la vida. El hambre que ha azotado la tierra estos dos últimos años durará otros cinco años más, y no habrá ni siembra ni siega. Dios me hizo llegar antes que ustedes para salvarles la vida a ustedes y a sus familias, y preservar la vida de muchos más. Por lo tanto, fue Dios quien me envió a este lugar, ¡y no ustedes! Y fue él quien me hizo consejero del faraón, administrador de todo su palacio y gobernador de todo Egipto.»

Aquí José estaba diciendo:

—Ese mismo Dios que me envió a este lugar, ustedes podrían pensar que fueron ustedes porque ustedes me vendieron, ustedes me querían matar, ¿recuerdan?, pero fue Dios. Yo recibo esto de Dios. Entiendo que todo esto Dios lo ha usado para bien. El conjunto de todas estas cosas trabajaron para bien para mí.

Y de igual manera, no fue Faraón, que me puso de segundo en Egipto, sino que fue Dios que me hizo consejero de Faraón, que me hizo administrador de todo en su palacio y gobernador de todo Egipto. ¿Ves el contraste?

Qué hermoso que cuando nosotros entendemos que estamos en las manos del Señor y que nuestros sueños, nuestras vidas, están en las manos de él, entonces, Dios tiene un propósito que es bueno, es agradable y es perfecto.

Quiero hacer un paréntesis aquí. Así deberían ser todos nuestros gobernadores, ¿no lo crees?, que están gobernando porque están pensando en contribuir y no solamente en llegar al trono, no solamente llegar a ser el consejero, el administrador, el gobernador, sino que debido a las crisis que han pasado y todo lo que han crecido, todo lo que ha aprendido en sus vidas, ahora están capacitados y Dios les otorga esa posición de gobernar para poder, no solamente ahora crecer, sino también contribuir con aquello que ellos tienen para dar.

Esperemos que así sean nuestros sueños también porque, amiga, amigo, nuestros sueños no deben ser egoístas, mas bien, deben ser un sueño en el cual nosotros podemos llegar a la posición que Dios quiere para nuestras vidas, pero para ayudar a otros, para servir y para contribuir.

José no desperdició ni su crisis ni su dolor. Él trabajó constantemente con los dones que Dios le dio y el sueño de Dios era más grande de lo que cualquiera en su propia familia pudo haber pensado cuando él contó su sueño. Su familia dijo:

—¿Tú crees que tú vas a gobernar sobre nosotros?, ¿estás loco?

No, no era solo en su casa que iba a gobernar, sino sobre todo una gran nación.

Amigo, amiga, ¿tienes tú también fe para creer en esos milagros de Dios? ¿Puedes tu creer que Dios hará milagros para que tú puedas llegar a ese sueño que Dios te dio?

CONTRIBUIR

Pensemos en esto de tener sueños para contribuir; y para esto quiero que me acompañes a recordar una de mis historias favoritas en el Antiguo Testamento: es la vida de Ana.

Ana era una mujer que tenía un sueño: tener un hijo. Su esposo tenía otra esposa que era muy fértil; ella tenía muchos hijos; pero Ana no tenía ninguno. La Biblia nos revela dos grandes problemas en la vida de esta mujer. El primero tenía que ver con que tenía una rival: la segunda esposa de su esposo; quién además de tener muchos hijos, se burlaba de ella y le hacía la vida imposible. Su segundo dilema era que no podía tener un bebé; lo cual era muy vergonzoso en aquellos tiempos.

Yo he pasado por esa situación de querer tener un bebé biológico y sufrir de infertilidad. Sé qué es pasar uno y otro mes sin concebir un hijo; todos los meses se siente como si tuvieras una pérdida. Imagino que para Ana era una situación difícil por todo lo que tenía que vivir.

La Biblia nos dice en 1 Samuel 1:6 que la otra esposa realmente maltrataba a Ana, vamos a leerlo, dice:

«De manera que Penina se mofaba y se reía de Ana porque el Señor no le había permitido tener hijos. Año tras año sucedía lo mismo: Penina se burlaba de Ana mientras iban al tabernáculo. En cada ocasión, Ana terminaba llorando y ni siquiera quería comer.»

¿Tienes un sueño y estás frustrada? Tal vez te pasó esto: comenzaste un emprendimiento y no se dio. Trabajaste por un año o dejaste de hacer tu trabajo para poder dedicarte a ello y no obtuviste resultados o llegó una crisis. ¿Te ha sucedido algo similar? Entonces puedes entender a Ana.

Ella estaba sufriendo por algo que consideraba muy importante; y llegó un momento en el que tomó una decisión con referencia a su sueño. Miremos cómo fue que Ana decidió entregarle a Dios su sueño para que fuese Él quien lo hiciera realidad. Vamos a leer los versículos 10 al 18, dice:

«Ana, con una profunda angustia, lloraba amargamente mientras oraba al Señor e hizo el siguiente voto: "Oh Señor de los Ejércitos Celestiales, si miras mi dolor y contestas mi oración y me das un hijo, entonces te lo devolveré. Él será tuyo durante toda su vida, y como señal de que fue dedicado al Señor, nunca se le cortará el cabello".

Mientras Ana oraba al Señor, Elí la observaba y la veía mover los labios. Pero como no oía ningún sonido, pensó que estaba ebria.

—¿Tienes que venir borracha? —le reclamó—. ¡Abandona el vino!

—¡Oh no, señor! —respondió ella—. No he bebido vino ni nada más fuerte. Pero como estoy muy desanimada, derramaba ante el Señor lo que hay en mi corazón. ¡No piense que soy una mujer perversa! Pues he estado orando debido a mi gran angustia y a mi profundo dolor.

—En ese caso —le dijo Elí—, ¡ve en paz! Que el Dios de Israel te conceda lo que le has pedido.

—¡Oh, muchas gracias! —exclamó ella.

Así que se fue, comenzó a comer de nuevo y ya no estuvo triste.»

A veces tenemos sueños que son un poco egoístas; sin embargo, Ana pensó qué iba a recibir Dios cuando su sueño se hiciera realidad. Y esa es una buena pregunta que debemos hacernos. He tomado esto como una muy buena estrategia, porque demuestra la fe; quiere decir que ya vemos como realizado. Entonces, ella caminó hacia su sueño. Ana dijo:

—¿Sabes?, yo voy a orar al Señor, porque tengo fe.

Elí, el sacerdote, le dio una palabra de parte de Dios, una palabra de confirmación que ella tomó de confirmación de que Dios le había escuchado, porque ella cambió totalmente su actitud después de recibirla, ella dijo:

—Señor, no solamente me moví en fe para orar, sino que yo me voy a mover en fe y te voy a decir lo que yo voy a hacer cuando yo tenga ese milagro.

Y así debemos actuar nosotros, tan seguros de que Dios va a actuar que le podemos decir: Señor, puedes contar conmigo cuando yo esté viviendo en mi sueño que es tener mi propio negocio, puedes contar conmigo cuando yo tenga ese hijo, esa hija que tú me vas a regalar, tú vas a tener dos pilares con los que puedas contar en esta sociedad ¿Le has dicho tú eso al Señor? Pues eso son los sueños que el Señor quiere hacer realidad.

Así fue que Ana comenzó a comenzó a caminar. Ahí es donde nosotros debemos llevar nuestros sueños. Primero llevarlos al Señor al derramar nuestra alma en oración al Señor, decirle:

—Señor, este es mi sueño, pero te lo entrego a ti. Este sueño no es un sueño egoísta. Señor, yo voy a contribuir de esta manera específica cuando mi sueño sea realidad. Esto es lo que va a suceder después que mi sueño se haga realidad.

Es una muy buena conversación que tener con el Señor. Y Elí, el sacerdote, al entender que la mujer tenía una petición real también le dio una palabra y esta mujer tomó esa palabra.

Y eso es lo que tú y yo necesitamos hoy. Es lo que hemos dicho aquí. Necesitamos una palabra.

Yo quiero recordarte algo. Todas estas historias están en la Biblia para que nosotros podamos agarrarnos de estas palabras. Tú puedes agarrar una de estas palabras y decir:

—Señor, recibo esta palabra hoy.

Esta es la palabra de Dios para ti. Dios te está recordando que, como aquella mujer que estuvo enferma, tú también puedes tocar el borde del manto de Jesús en fe. Creer que así como Dios lo hizo, Jesús lo hizo en esa historia que está en la Palabra de Dios, Él lo puede hacer, si tú crees. Igual con esta mujer llamada Ana. Su historia está en la Biblia porque es la Palabra de Dios. Decimos que es la Palabra de Dios, la creemos porque así como el Señor le hizo el milagro a Ana, Dios también puede hacerte el milagro a ti. Si tú tomas esa palabra y tú dices:

—Yo me agarro a esa palabra y voy a actuar como actuó Ana.

El señor va a escuchar tu petición.

Un pequeño abrigo

● ● ●   ● ● ●   +

Ana se llenó de fe, escuchó la Palabra y se movió a la acción: fue a su casa, estuvo con su esposo sexualmente y salió embarazada de un bebé precioso. ¡Dios le concedió el milagro! Cuando ese hijo nació, ella dijo:

—Lo voy a tener en mis brazos por un tiempo, lo voy a cuidar.

Le dijo a su esposo:

—¿Será posible que lo pueda tener por un tiempo antes de llevarlo al templo del Señor?

Él le dijo que sí. Así que lo primero que ella hizo fue disfrutar, abrazar y saborear su sueño. Ana estaba lista para darle gracias a Dios por ese sueño y luego lo entregó, tal como le había prometido a Dios. Cuando lo llevó al templo, Elí tomó a ese bebé, y ese niño llegó a ser el gran profeta Samuel. Samuel tiene dos libros en la Biblia. La historia de Ana, su madre, está en 1 Samuel capítulo 1. En sus libros encontramos historias de gigantes de la fe, como Saúl, David, Salomón y muchos otros reyes, y Samuel fue parte de todas esas vivencias, pues además de ser profeta, también fue juez de Israel.

Cuando el Señor hace realidad nuestro sueño, nosotros pensamos que solo nos dará un hijo, pero si se lo devolvemos, Él nos entregará a un profeta o sacerdote, un gran hombre de Dios. ¿Quieres un hijo? Si se lo entregas al Señor, Él hará cosas maravillosas con ese hijo. Dice la Palabra de Dios, en los versículos 26 al 28:

«—Señor, ¿se acuerda de mí? —preguntó Ana—. Soy aquella misma mujer que estuvo aquí hace varios años orando al Señor. Le pedí al Señor que me diera este niño, y él concedió mi petición. Ahora se lo entrego al Señor, y le pertenecerá a él toda su vida". Y allí ellos adoraron al Señor.»

Ana no solamente tuvo a Samuel, sino a muchos más hijos. Hay una parte profética en su oración donde ella dice de sí misma: «la mujer que no podía tener hijos, ahora tiene siete». Y la historia dice que cada año, Ana le hacía un pequeño abrigo a Samuel y se lo llevaba cuando iba con su esposo para el sacrificio; y antes de que regresaran a la casa, Elí bendijo al esposo de Ana, Elcana, diciendo:

> «—Que el Señor dé otros hijos para que tomen el lugar de este que ella entregó al Señor.» (1 Samuel 2:20)

Y así se cumplió. Ana concibió y dio a luz tres hijos y dos hijas. En total, ella tuvo seis hijos, pero en su oración ella había dicho siete. ¿Qué te hace pensar eso? Yo creo que ella quería más. ¡Qué hermoso!

Aquí me quiero detener porque esto es lo que une nuestras historias en el día de hoy.

UN MANTO UNE NUESTRAS HISTORIAS

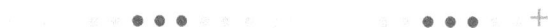

Así como Jacob le cosió a su hijo José esa túnica hermosa de colores; así como esa mujer tocó el manto precioso que llevaba Jesús puesto y fue sana; así como Ana tejía un manto (un pequeño abrigo a su hijo todos los años), el Señor también nos da un manto.

Las sagradas escrituras nos dicen acerca del Señor en Isaías 61 que Él actúa en nuestras vidas para hacer un hermoso intercambio, entregándonos "un manto de alabanza en lugar de un espíritu abatido"

Hay un manto esperándote, un manto de alabanza y unción para aquello para lo cual Dios te ha llamado. Yo lo creo. Creo que Dios me ha dado un manto para lo que estoy trabajando; siento que Dios me da una unción especial para lo que me ha encomendado hacer, y sé que cuando trabajo para mis sueños no solo es para mi propio provecho, sino para contribuir para que el sueño de otros también se haga realidad. Así que te invito: trabaja para tus sueños.

¿CÓMO SE TRABAJA PARA LOS SUEÑOS EN UNA CRISIS?

Tú dirás, ¿pero cómo se trabaja para mis sueños, Rebeca? ¿Cómo se trabaja para los sueños en una crisis? Estamos pasando por crisis. Pues igual, como hemos aprendido en todas estas historias: escucha la Palabra de Dios. Cree en la Palabra de Dios. Y cuando estés pasando por estas dificultades o estos retos, estas crisis, decide crecer. ¿Qué quiero decir con crecer? Crecer en carácter, crecer en fe, crecer aún en educación. A veces tenemos que educarnos, crecer en compromiso con tus sueños, ¿Puedes tu demostrar tu compromiso? Compromiso es una palabra de suma importancia, referente al sueño que Dios te ha dado. Y si tú sabes que ese es un sueño de Dios, entonces dile al Señor:

—Ese sueño no es solo para mí, es para contribuir

Y dile al Señor:

—Cuando tú me des este sueño, Señor. Cuando este sueño se haga realidad, así es que yo voy a contribuir.

Dile, ve delante del Señor en oración y dile:

—Señor, cuando este sueño se haga realidad, así es que yo voy a contribuir, esta es mi intención.

Escríbelo, escríbelo como si fuera tu visión. Es tu sueño, pídeselo al Señor, entregárselo al Señor, y dile:

—Así yo voy a contribuir a la sociedad, con mi familia, con mi negocio, con mi iglesia, con mis hijos.

Y espera en Él.

Así que, como sucedió con Ana, un día vamos a poder ver tu contribución. Muy pronto tendrás ese bebé, ese sueño. Lo vas a poder abrazar, lo vas a poder mimar, lo vas a poder saborear. Tal vez tu sueño es un libro. Tal vez tu sueño es un emprendimiento, un ministerio. No sé cuál es tu sueño, pero se va a hacer realidad porque ya no es tuyo, es del Señor.

Ahora estás trabajando en favor de ese sueño, y yo siempre digo, que nosotros somos colaboradores de Dios, Él hace su parte y nosotros hacemos la nuestra. Así como José dijo que ese sueño no tenía que ver casi nada con él, sino con todo ese pueblo que necesitaba alimento, entonces piensa en este sueño cuando se haga realidad, ¿a quién va a ayudar?

Un día, así como esa mujer se levantó y su historia es contada hasta el día de hoy, tal vez todas estas dificultades que tú tienes pueden ser contadas en un libro, pueden ser contadas en una conferencia y tú, igual que ella, puedes crecer en fe y puedes ayudar a otros a que puedan crecer en fe.

EL PERDIÓ SU MANTO

• • • • • • +

¿Sabes algo más? Ese mismo Jesús que caminaba en las calles de Jerusalén, es el mismo Jesús que está caminando en el día de hoy, no solamente para hacer realidad tus sueños, sino para transformar tu vida, para sanar tu vida, ya sea de una enfermedad, pero también del peor virus que podemos tener, que se llama pecado.

Antes de ser crucificado en la cruz por tus pecados y los míos, Jesús fue desnudado, le quitaron ese manto con el que camino mientras estaba en la tierra. Pero hoy, el está sentado en un lugar supremo y lleva puesto un manto nuevo de autoridad como el primogénito de los hijos de Dios.

¿Sabías tú que Dios te creó porque Él tiene un propósito específico para tu vida, pero que el pecado nos ha alejado de él y también del propósito que Él tiene para nuestras vidas? ¿Quieres tú en el día de hoy acercarte al Señor y decir: Señor, yo quiero que ese propósito que tú tienes para mi vida se cumpla; pero antes quiero hacer amistad contigo? Cuando el Señor nos llama por medio de Cristo, nos llama solamente para llegar a ser una criatura, sino ser hijo de Dios. Y como hijos, somos herederos y como hijos —no sé si tú tienes hijos—, pero nosotros tenemos propósitos y tenemos sueños grandes para nuestros hijos. Dios tiene sueños grandes para ti también, pero necesitas regresar a Él.

¿Te atreves a hacerlo hoy? Pues a mí me encantaría guiarte en una oración. Repite conmigo:

«Padre Celestial, te doy gracias porque tú me creaste con propósito. Tú me creaste, Señor, para que yo cumpla ese sueño tuyo. Ese sueño que tú has puesto en mi corazón no es mío, es más tuyo mío. Gracias, Señor. Pero entiendo hoy que el pecado me aleja de ti y yo me he alejado de ti también, Señor. Por lo tanto, Señor, hoy me acerco en el nombre de Jesús y pidiéndote, Padre, que a través de la sangre de Cristo tú me encuentres y me limpies de todo pecado y me justifiques con la sangre de Cristo. Acéptame como Hijo a través de Cristo Jesús. Yo, Señor, no solamente mis sueños, sino mi vida para servirte y para que tú seas también mi Señor y Salvador. En el nombre de Jesús, oramos. Amén.»

Amigo, amiga, si has esta oración, yo te felicito. Qué interesante y que hermoso camino te espera por delante y nosotros queremos que tú comiences este camino con nuestro libro *Una nueva vida*. Es un libro, en ebook, puedes descargarlo cuando tú vas a <u>rebecasegebre.org/paz</u>

Capítulo

6

Invierte

tu día

UNOS AÑOS ATRÁS, mientras yo pasaba por una temporada de crisis personal, recuerdo que fui a la playa. Mirando la costa, me di cuenta de que a veces había una bandera verde; otras, una amarilla; y en ocasiones, una roja. Eso me hizo pensar que, así como el mar, nuestras vidas no son siempre estáticas: están en constante movimiento; y puede haber tanta actividad que se pueden originar tsunamis. Aquel mar que una vez mirábamos, en el cual nos sumergíamos y podíamos divertirnos, puede convertirse en algo peligroso.

Para saber exactamente qué hacer cuando nosotros pasamos por esas tormentas, quiero que revisemos la Biblia. Cuando pasé una situación así, el Señor me dio un Salmo que tal vez puede ayudarte; ese pasaje fue específico para mi situación. Me parece maravilloso que este Salmo que David escribió hace tanto tiempo atrás también pueda ser para mí; por eso le puse música:

«Ten misericordia de mí, oh Dios, ten misericordia de mí;

porque en ti ha confiado mi alma,

y en la sombra de tus alas me ampararé

hasta que pasen los quebrantos.

Clamaré al Dios Altísimo,

al Dios que me favorece.

Él enviará desde los cielos, y me salvará

de la infamia del que me acosa; *Selah*

Dios enviará su misericordia y su verdad.» Salmos 57 (RVR1960)

Cuando estás pasando por una crisis, tú puedes cantarlo, y espero que haga en ti lo mismo que hizo en mí: me mantuvo en esperanza. Ese Salmo me dio palabras con las que podía expresarle al Señor lo que yo estaba sintiendo, también podía decirle qué era esperando de Su parte y en quién estaba mi confianza. Al final de esa gran prueba, vi la misericordia de Dios y su verdad reinó en mi vida.

Vivimos en una época en la que se habla de superación personal, de cómo ser positivos, pero se dice poco de cómo vivir cuando pasamos por tormentas en la vida; pero para eso vamos estudiar el caso de una viuda pobre. Compartiré contigo unas pautas que he aprendido de esta historia bíblica.

En 2 Reyes 4:1-6 (NTV) dice:

«Cierto día, la viuda de un miembro del grupo de profetas fue a ver a Eliseo y clamó:

—Mi esposo, quien te servía, ha muerto, y tú sabes cuánto él temía al Señor; pero ahora ha venido un acreedor y me amenaza con llevarse a mis dos hijos como esclavos.

—¿Cómo puedo ayudarte? —preguntó Eliseo—. Dime, ¿qué tienes en tu casa?

—No tengo nada, solo un frasco de aceite de oliva —contestó ella.

Entonces Eliseo le dijo:

—Pídeles a tus amigos y vecinos que te presten todas las jarras vacías que puedan. Luego ve a tu casa con tus hijos y cierra la puerta. Vierte en las jarras el aceite de oliva que tienes en tu frasco y cuando se llenen ponlas a un lado.

Entonces ella hizo lo que se le indicó. Sus hijos le traían las jarras y ella las llenaba una tras otra. ¡Pronto todas las jarras estaban llenas hasta el borde!

—Tráeme otra jarra —le dijo a uno de sus hijos.

—¡Ya no hay más! —le respondió.

Al instante, el aceite de oliva dejó de fluir.»

Algo que veo en esta mujer es que ante su crisis personal, ella dio pasos. En una situación similar es muy fácil dejar pasar el día y desperdiciarlo. A veces ni nos levantamos, ni nos lavamos la cara, no hacemos nada, pasamos las horas llorando, mirando lo terrible que es nuestra existencia y lo que podría pasar. En el caso de ella, en algún momento iban a buscar sus hijos e iba a perder a su familia. Esta mujer pudo haber haber dicho:

—Perdí mis hijos, se los llevaron de esclavos. Soy viuda, soy pobre y se acabó.

Sin embargo, ella dio pasos. Si estás pasando por una crisis, empieza a dar pasos: busca soluciones. No te quedes en la melancolía; pelea por lo que todavía se puede salvar. En el caso de la mujer lo único que tenía eran sus hijos, pero era lo que podía rescatar. Eso la movió a la acción y es lo que quiero que tú hagas en este momento.

Tal vez Dios te ha entregado un negocio. Quizá esa última parte del negocio todavía está vivo, no se lo entregues a la crisis: entregárselo a Dios.

HISTORIA DE UNA MUJER POBRE

• • •   • • •   +

Muévete en pasos de fe; pero no cualquier paso de fe: encuentra a la gente clave. Este no es el momento para ir donde tus amiguitos con los que perdías el tiempo o con los que tomaste malas decisiones financieras, incluso amigos con los que malgastaste tu dinero. Este es el momento para ir con aquel hombre de Dios que tú conoces, a aquella mujer de Dios, a buscar una Palabra.

Busca gente que sea más espiritual que tú: personas que no sean habladoras, que no te den su opinión; en este momento lo que necesitas es una solución.

Entonces vemos que aquí el hombre de Dios, ¿cuál fue la solución que le dio? Una cosa clave que yo veo aquí es que el profeta Eliseo le dijo:

—Usa lo que tienes, no puedes usar lo que no tienes; Dios lo puede aparecer, pero si tienes algo, el Señor también lo puede utilizar.

Entonces, una de las cosas que tú tienes que hacer es buscar qué es lo que tienes en la mano, qué es lo que tienes disponible. Pero adicionalmente, este hombre de Dios le dijo:

—Tienes que ponerte a hacer algo ilógico, tal vez algo que nunca has hecho antes, algo fuera de lo normal, porque cuando las cosas no están en lo normal, entonces no podemos ni debemos actuar de acuerdo a las normas de la normalidad, si no de acuerdo a las normas de lo que estamos viviendo.

Tal vez vamos a tener que hacer algo que nunca hemos hecho antes y en este caso este es un hombre de Dios. No estamos hablando solamente de hacer cositas mágicas, estamos hablando de buscar una estrategia de parte de Dios, algo especial para tu situación y obedecer lo que escuchamos del espíritu de Dios hablar. Tal vez yo estoy hablando tu corazón por medio de este libro, tú has escuchado y leido la Palabra de Dios y Dios te dio una idea, entonces, ¿qué tenemos que hacer? Movernos y hacer lo que Dios nos dice. No me refiero a hacer locuras, sino me refiero a caminar en los milagros de Dios, verlos y tomarlos, escucharlos y actuar. Pero hay una segunda parte en esta historia.

Veamos cuál es la segunda parte. ¿Recuerdas?, ella le dijo a sus hijos:

—Tráeme otra vasija de ideas.

—No, mami, ya no hay más.

—¡Oh!, se acabó el aceite.

Entonces, en ese momento ella pudiera haber dicho:

—OK, ¿qué hacemos? Qué hacemos?

Sin embargo, me gusta lo que ella hizo. Dice la Biblia que vino ella luego y lo contó al varón de Dios. Esto que el varón de Dios le había dicho era bueno, y ella tal vez al ver el milagro dijo:

—Esto es una buena persona donde ir. Voy a continuar con el consejo, no voy a ser sabia en mi propia opinión, a decidir qué es lo que yo voy a hacer con todo este aceite, sino que voy a buscar un plan bien pensado de parte de Dios.

Ahora los que me conocen ustedes saben por qué estoy hablando de un plan bien pensado, porque cuando nosotros lanzamos nuestra academia Escribe y Publica Tu Pasión, les decimos a nuestros estudiantes que cuando vamos a escribir nuestro libro, cuando estamos delante de un proyecto literario, nosotros necesitamos un plan bien pensado y utilizamos la Palabra de Dios, en Proverbios 21:5, que nos dice:

«Los planes bien pensados y el arduo trabajo llevan a la prosperidad, pero los atajos tomados a la carrera conducen a la pobreza.»

Y creo que esta mujer hizo bien en ir al hombre de Dios para que este hombre le diera un plan bien pensado después que vio la primera parte de su milagro, y es asi como ella le contó al varón de Dios lo que había hecho, el cual le dijo la segunda parte de lo que debía hacer: ve y vende el aceite. Es un plan, lo que él le entregó: Ve y vende el aceite, paga a tus acreedores y tú y tus hijos, vivid de lo que quede. Tú sabes, el hombre de Dios le ha podido decir:

—Buenísimo, tráeme el aceite, yo voy a comer de ese aceite y maravillosamente, los acreedores nunca más te van a volver a molestar.

¿Podrían ver cuantas opciones de respuesta que ella ha podido haber recibido?, pero no, el hombre de Dios, le dijo:

—Este es el plan. Este es el plan para tu vida, un plan bien pensado que te va a hacer rica, que te va a llevar a prosperar y primero, te va a sacar de deudas.

Increíble. Estamos en tiempos de crisis mundial y de pronto hoy estamos en una crisis financiera personal y tú dices: Yo necesito un plan bien pensado; yo necesito un plan como el que este hombre de Dios le dio a esta mujer pobre y viuda.

Entonces, el plan es el mismo: Busca lo qué tienes en tu mano, cuáles son esos tesoros que Dios ya te ha dado. Tal vez está en tu casa, tal vez está en forma de talentos, tal vez está en forma de experiencias vividas las cuales tú puedes compartir con otros, como asesorías a mentorías, cursos. Hay tantas cosas que nosotros podemos hacer con lo que ya Dios nos ha dado, con lo que tenemos en la mano. Yo lo digo porque yo soy esta mujer, yo soy precisamente esa mujer que un día se quedó sin nada, absolutamente nada, y el Señor dijo:

—Rebeca, yo voy a traer esas vasijas a tu casa.

Y esas vasijas son mujeres con una historia en su corazón, esas son las mujeres que el Señor ha traído; y si tú eres una de ellas, tú sabes que yo aprecio cada una de esas "vasijas" porque no son mías, son del Señor, Él las trae y además Él me ha dado un aceite especial, el cual yo coloco en esas vacías y lo vendo a un precio y el Señor así nos mantiene a nosotros con un negocio, una casa editorial que ayuda a la mujer latina que tiene una historia, que ama al Señor y desea servirle y así como hizo el Señor con esta mujer pobre, el señor nos ha hecho producir para vivir al tiempo que contribuimos en el desarrollo de los sueños de otros. .

A esta mujer Dios le dio un negocio, el negocio era vender aceite y de acuerdo a lo que sucedió con la primera instrucción del profeta, si la palabra del profeta se cumplió al principio, donde el había dicho que con el aceite que tenía en su casa se podían llenar todas las vasijas y se llenaron hasta el tope; entonces creo que esta segunda palabra también se cumplió. Estoy segura. ¿Cuál palabra se cumplió? Que ella fue a su casa, vendió el aceite, quiere decir que se lo compraron. Ella lo ofreció, se lo compraron y con eso dinero con lo que ella recibió, ella fue, caminó, ¿entiendes que siguió un proceso y un plan?, por eso es que tenemos que invertir el día trabajando; ella fue y le pagó a sus acreedores. Los enfrentó. Pudo llegar delante de ellos. ¿Te imaginas esa escena? Esta mujer cuando estos hombres o estas personas llegaban a su casa, venían a buscar sus hijos para llevárselos de esclavos, la amenazaban con cobrarse la deuda con la vida de sus hijos. Si la crisis viene a llevase algo de tu casa es porque ese algo tiene valor, no te lo dejes quitar. Pero ahora, imagínate tú llegar delante de aquellos que te amenazan y decir:

—Aquí está el pago de todo lo que te debo, de todo. Y además de eso, mis hijos, aunque soy una mujer viuda, mis hijos y yo vamos a vivir libres porque esta mujer que ven, esta madre soltera tiene un negocio próspero del cual podemos vivir.

Increíble. Y esa puede ser la historia tuya. Esa es en parte mi historia. No soy una madre soltera porque soy casada. Le doy gracias a Dios por mi esposo, pero eso es parte de lo que Dios también ha hecho en mi vida. No sabemos si esta mujer también se volvió a casar. Yo no podía creer lo grande de la misericordia de Dios cuando esto sucedió en mi vida, porque realmente, así como esta mujer, el Señor es experto en darnos una nueva vida cuando las situaciones adversas llegan. Dios no dice "se acabó tu vida, oh lástima, hasta aquí llegó". El Señor se idea una manera de que tú puedes volver a estar en pie y puedas tener una nueva vida. Y digo una nueva vida porque ella un día fue la esposa de un hombre de Dios, la mamá de sus hijos y luego, cuando se vio sin su esposo, sin el sustento y en deudas parecía el final de su historia. Pero busco bien, busco la ayuda del hombre de Dios, y cuando se vio con todo el aceite y no sabía qué hacer volvió al hombre de Dios; y siguiendo las instrucciones de Dios por medio de su profeta, hoy ella es una empresaria, su vida es una vida nueva; y así puede suceder con nosotros también.

Entonces, de una crisis ¿qué podemos ver y sacar como lección aquí? Que de una crisis pueden venir oportunidades inesperadas. Y yo quiero que tú puedas ver eso hoy, si tú estás pasando por una crisis o la crisis que estamos pasando todos con el corona virus, está pasando por tu casa de una manera que te puede dejar en una crisis financiera, una crisis de salud; quiero que sepas que de toda crisis brotan de ella oportunidades si nosotros decidimos que no nos vamos a quedar amargados. Decide hoy, que la crisis no nos va a amargar, no nos va a dejar aplastados, sino que nosotros nos vamos a levantar y vamos a invertir nuestros días dando pasos de fe, viendo y buscando el consejo en las personas correctas, buscando de Dios la solución para nuestros problemas y no solamente respuestas a nuestras preguntas infructuosas de "por qué está pasando lo que está pasando".

Entonces, recuerda el plan lógico en tiempos de crisis puede que comience con hacer algo ilógico. Lo primero, que el profeta habló fue algo ilógico, ¿Es lógico que el aceite se multiplicara? Ve y toma el aceite que tienes, pero era ilógico que se multiplicara en las vasijas, era un milagro. Primero, Dios hace un milagro y luego que Dios hace ese milagro, el Señor nos enseña a trabajar. ¿Ves la progresión? Esto es muy importante porque a veces, cuando estamos en la crisis necesitamos un milagro y Dios lo hace, Dios está dispuesto a hacer ese milagro,

El está dispuesto a llenar esas vasijas de aceite. Pero luego el Señor dice:

—Bueno, ahora tengo un plan lógico, un plan bien pensado. Ahora tú tienes que levantarte todos los días, tienes que bañarte, tienes que arreglarte. Tienes que ofrecer tu aceite, tienes que venderlo. Luego, tienes que guardar lo que ganas, muy bien guardado. Tienes que contarlo y luego ir y pagar lo que debes. Tienes que hacer un presupuesto, y tienes que poder vivir de lo que te queda de la venta de ese aceite.

Entonces nosotros vemos aquí que esta parte del plan es el plan lógico pero divino, por eso tenemos un programa de coaching de vida que se llama "El plan divino" porque Dios tiene uno especialmente formulado para ti, solo necesitas descubrirlo. www.elplandivino.com)

Pero recordemos lo que dice el sabio Salomón de los planes bien pensados, lo repito nuevamente de memoria de acuerdo a la NTV: Los planes bien pensados y el arduo trabajo llevan a la prosperidad, pero los atajos tomados a la carrera conducen a la pobreza. En otra traducción, en la Reina Valera, dice:

«Los pensamientos del diligente ciertamente tienden a la abundancia; mas todo el que se apresura alocadamente, de cierto va a la pobreza.»

El profeta tenía un plan bien pensado y ahora le declaró el resto a la mujer y ustedes vieron que funcionó. Pero ella tuvo que ser diligente, decidida y también visionaria.

"Yo voy a poder pagarles" según el profeta, él me dijo que esa era mi misión. Ahora la visión de ella era "voy a pagar las deudas". Aquí notamos que Dios mismo le dio su visión. Esa es la visión de tu futuro de abundancia: abundancia de clientes, de seguidores, de personas servidas. Y eso es lo que te espera a ti también cundo sigues el plan divino, mi amigo, mi amiga, pero tienes que estar dispuesto a trabajar. Es algo que nosotros vemos claramente en esta historia.

Una vez que Dios nos bendice, nosotros igual que esta mujer, como vemos aquí en la historia, ella tenía que administrar esa bendición. Y yo me pregunto hoy si tu vida está llena de bendiciones, que tú escuchas a las personas que hay tanta crisis afuera y tú dices:

—Eso no me toca a mí. Yo estoy bendecido, yo miro alrededor y yo tengo cosas, muchas cosas buenas conmigo.

Y si tú tienes algo en tu casa que es una bendición, y el mundo está pasando por crisis, entonces este es un momento para cuidarlo. ¿Qué puedes tener? Una familia, tienes a tus hijos, tienes a tu esposo, tu esposa, tienes un llamado, tienes un talento, tienes un libro en tu corazón, tienes un ministerio. Administra y cuida bien tu bendición.

LA HISTORIA
DE UNA MUJER RICA
●●●   ●●●   +

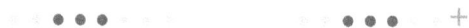

Recuerda, todo lo bueno que te dio Dios es para multiplicarlo. Entonces, esa es la historia de la mujer que era pobre. Ahora te voy a contar la historia de una mujer rica.

¿Puedes creer que está en el mismo capítulo? Vamos a leerla, 2 Reyes 4:8-17 dice así:

«Cierto día, Eliseo fue a la ciudad de Sunem y una mujer rica que vivía allí le insistió que fuera a comer a su casa. Después, cada vez que él pasaba por allí, se detenía en esa casa para comer algo.

Entonces la mujer le dijo a su esposo: "Estoy segura de que este hombre que pasa por aquí de vez en cuando es un santo hombre de Dios. Construyamos un pequeño cuarto en el techo para él y pongámosle una cama, una mesa, una silla y una lámpara. Así tendrá un lugar dónde quedarse cada vez que pase por aquí".

Cierto día, Eliseo regresó a Sunem y subió a ese cuarto para descansar. Entonces le dijo a su sirviente, Giezi: "Dile a la mujer sunamita que quiero hablar con ella". Cuando ella llegó, Eliseo le dijo a Giezi: "Dile: "Agradecemos tu amable interés por nosotros. ¿Qué podemos hacer por ti? ¿Quieres que te recomendemos con el rey o con el comandante del ejército?"".

"No —contestó ella—, mi familia me cuida bien".

Más tarde, Eliseo le preguntó a Giezi:

—¿Qué podemos hacer por ella?

—Ella no tiene hijos —contestó Giezi—, y su esposo ya es anciano.

—Llámala de nuevo —le dijo Eliseo.

La mujer regresó y se quedó de pie en la puerta mientras Eliseo le dijo:

—El año que viene, por esta fecha, ¡tendrás un hijo en tus brazos!

—¡No, señor mío! —exclamó ella—. Hombre de Dios, no me engañes así ni me des falsas esperanzas.

Efectivamente, la mujer pronto quedó embarazada y al año siguiente, por esa fecha, tuvo un hijo, tal como Eliseo le había dicho.»

Y este es mi punto. Así como nosotros, cuando estamos en una situación de crisis y de desesperanza, podemos invertir bien nuestros días buscando al hombre de Dios, y decidiendo con la ayuda de Dios y la ayuda de esta persona que Dios ha traído, cuáles son los pasos para salir de esa crisis y no solo quedarnos en salir de la crisis, sino avanzar a ese futuro, a esa nueva vida que Dios nos entrega debido a que pasamos esa crisis y que fuimos a él. También cuando nosotros estamos bien, estamos en una situación de riqueza, también podemos invertir nuestro día muy bien. Esta mujer actuó de acuerdo a un pasaje de la Biblia donde el sabio Salomón nos dice que ofrecer un regalo puede abrir puertas y dice es una vía de acceso a la gente importante. Yo no creo que esta mujer lo haya hecho a propósito, porque ella quería tener un acceso a la gente importante, porque nos damos cuenta de que el mismo Eliseo le preguntó:

—¿Será que tú quieres una línea de acceso a gente importante y por eso estás siendo generosa conmigo?

Ella le dijo:

—No, la verdad es que yo no necesito eso.

Sin embargo, si lo hubiese querido, lo ha podido tener. Entonces es algo que podemos hacer, amigo o amiga, es algo que podemos hacer para invertir nuestros días cuando estamos bien. Podemos utilizar nuestros bienes para servir y dar a aquellas personas que nos han hecho bien o que están haciéndole bien a la sociedad, o que son hombres de Dios, mujeres de Dios a los que puedes bendecir con un regalo. No esperes nada a cambio como esta mujer, no esperes nada a cambio, simplemente hazlo para el Señor y recibe de Dios Su recompensa, no la recibas del hombre, no la recibas como si estuvieras haciendo un intercambio. Recibe de Dios su recompensa cuando Él te traiga su recompensa. Esta mujer pudo recibir su recompensa, Dios le dio riqueza, Dios vio cuál fue su actitud con su riqueza y Dios vio ese regalo. En este caso, como dice el sabio Salomón en su libro de Proverbios, ella realmente le ofreció un regalo al Señor cuando le ofreció este aposento al profeta de Dios; y la Biblia dice que cuando tú honras a un profeta recibirás un regalo o recompensa asignada para ello, y cuando tu honras a un evangelista, recibirás un regalo de parte de Dios del "tamaño" correspondiente por ser un evangelista. Jesús dijo:

El que recibe a un profeta por cuanto es profeta, recompensa de profeta recibirá; y el que recibe a un justo por cuanto es justo, recompensa de justo recibirá.

Y cualquiera que dé a uno de estos pequeñitos un vaso de agua fría solamente, por cuanto es discípulo, de cierto os digo que no perderá su recompensa.

Mateo 10: 41 (RV60)

Entonces, esta mujer estaba actuando conforme a como Dios le habló. Fue una mujer que obedeció a Dios y ¿qué hizo? Ese regalo le abrió puertas para un futuro y una vida nueva que ella no tenía, ya que ella no había podido tener hijos. Entonces un regalo es una vía de acceso a la gente importante. Ella tenía acceso ahora a Eliseo. ¿Te imaginas? Cada vez que Eliseo pasaba por ahí se quedaba en su casa. ¡Qué bendición! Y qué hermoso que ahora ya tenía su hijo. Sin embargo, seguimos la historia, y nos damos cuenta que a todos, seamos ricos o pobres, cualquier día nos puede llegar una crisis. Y así le sucedió a esta mujer, ¿Puedes creerlo?

«Cierto día, el niño, ya más grande, salió a ayudar a su padre en el trabajo con los cosechadores, y de repente gritó: «¡Me duele la cabeza! ¡Me duele la cabeza!».

Su padre le dijo a uno de sus sirvientes: «Llévalo a casa, junto a su madre».

Entonces el sirviente lo llevó a su casa, y la madre lo sostuvo en su regazo; pero cerca del mediodía, el niño murió. Ella lo subió y lo recostó sobre la cama del hombre de Dios; luego cerró la puerta y lo dejó allí. Después le envió un mensaje a su esposo: «Mándame a uno de los sirvientes y un burro para que pueda ir rápido a ver al hombre de Dios y luego volver enseguida».

—¿Por qué ir hoy? —preguntó él—. No es ni festival de luna nueva ni día de descanso.

Pero ella dijo:

—No importa.

Entonces ensilló el burro y le dijo al sirviente: «¡Apúrate! Y no disminuyas el paso a menos que yo te lo diga».

Cuando ella se acercaba al hombre de Dios, en el monte Carmelo, Eliseo la vio desde lejos y le dijo a Giezi: «Mira, allí viene la señora de Sunem. Corre a su encuentro y pregúntale: "¿Están todos bien, tú, tu esposo y tu hijo?"».

«Sí —contestó ella—, todo está bien».

Sin embargo, cuando ella se encontró con el hombre de Dios en la montaña, se postró en el suelo delante de él y se agarró de sus pies. Giezi comenzó a apartarla, pero el hombre de Dios dijo: «Déjala. Está muy angustiada, pero el Señor no me ha dicho qué le pasa».

Entonces ella dijo: «¿Acaso yo te pedí un hijo, señor mío? ¿Acaso no te dije: "No me engañes ni me des falsas esperanzas"?».

Enseguida Eliseo le dijo a Giezi: «¡Prepárate para salir de viaje, toma mi vara y vete! No hables con nadie en el camino. Ve rápido y pon la vara sobre el rostro del niño».» (2 Reyes 4:18-29 NTV)

Ninguno de estas personas en la historia, ninguno, ni la mamá del niño, ni Eliseo, en ningún momento han dicho: «El niño está muerto». ¿Has notado eso? Nunca se habla de que el niño está muerto. Esta mujer nunca dice: «mi hijo está muerto».

Sigamos leyendo:

«Pero la madre del niño dijo: «Tan cierto como que el Señor vive y que usted vive, yo no regresaré a mi casa a menos que usted venga conmigo». Así que Eliseo volvió con ella. Giezi se adelantó apresuradamente y puso la vara sobre el rostro del niño, pero no pasó nada. No daba señales de vida. Entonces regresó a encontrarse con Eliseo y le dijo: «El niño sigue muerto».

En efecto, cuando Eliseo llegó, el niño estaba muerto, acostado en la cama del profeta. Eliseo entró solo, cerró la puerta tras sí y oró al Señor.» (v. 30-33 NTV)

Y luego la Biblia nos dice cómo Eliseo resucitó a este niño. Pero es importante que nosotros veamos aquí la actitud de esta mujer y su plan. Cuando ella vio que su hijo estaba muerto, ella dijo:

—¿Con quién voy a hablar?

Igual que aquella mujer pobre, dijo:

—¿Con quién voy a hablar?

No creo que ella estaba pensando algo así: «no voy a decirle nada a mi esposo no porque estoy en rebeldía», la realidad es que esta mujer sabía lo que quería y lo que no quería: ella no quería consuelo. Lo que ella quería era una solución a su problema y exactamente como la viuda pobre, ella no quería una palabra de consuelo, ella quería solución a sus problemas. A esta mujer se le murió su hijo y dijo:

—Tengo que ir al lugar donde yo sé que voy a encontrar, no un consuelo de parte de mi esposo (y así nos vamos a poner a llorar los dos), sino una solución a mi problema.

Y, sabes, cuando ella vio al siervo de Eliseo venir, ella tampoco le contó su problema. ¿Sabes por qué? Porque ella estaba buscando una solución y no una opinión. Muchos de nosotros hablamos de nuestro problema con las personas equivocadas y las personas pueden tener una opinión y de pronto hasta un plan. Pero si hablas con la persona correcta, si vas a Dios, entonces esa persona indicada y esa fe que tú tienes en Dios, va a hacer que se active el milagro que tú estás esperando.

Ella no desistió, no desistió hasta que logró que Dios oyera su clamor y que Dios moviera el corazón de aquel gran Eliseo que hizo ese gran milagro. ¡Tienes que leerlo, en 2 Reyes 4, tienes que leer la Biblia y ver qué hermoso cómo Dios hizo ese milagro! A mí me impresiona el contraste de estas dos historias. Por ejemplo, cuando Eliseo entró al lugar donde se realizaría el milagro, el cerró la puerta. Exactamente lo mismo fue lo qué le dijo Eliseo a la mujer pobre cuando le dijo: Toma todas las vasijas, ve a tu casa y una vez con tus hijos, cierra la puerta, permite que Dios haga el milagro a puerta cerrada.

Entonces hay milagros, amiga, amigo, que se hacen a puerta cerrada y vamos a tener que alejarnos de ciertas personas, no porque sean malas, sino porque estamos esperando un milagro. Muchas veces yo quisiera estar socializando con personas, de verdad que quiero, pero si quiero ver un milagro en la vida tuya, si quiero ver un milagro en medio de esto que está sucediendo, en la crisis mundial, tengo que encerrarme en mi casa y en compañía solo con mis hijos y mi esposo, y tengo que orar y tengo que buscar a las personas correctas y tengo sobretodo buscar el rostro de Dios para que Él me pueda decir:

—Rebeca, ve y lee 2 Reyes. Tengo un mensaje para todos ellos.

EL SIERVO DE DIOS
● ● ● ● ● ● ●   ● ● ● +

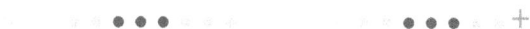

Pero no se acaba aquí. El Señor me dice que hay una tercera historia en este capítulo y está allí y es cuando el hombre de Dios y su gente atraviesan un tiempo de hambre. Entonces vemos en este capítulo 4 de 2 Reyes que hay una mujer pobre que atraviesa una crisis y el Señor le hace un milagro, ¿recuerdas?, y dice que Dios hace un milagro, y le da un plan bien pensado de cómo caminar día a día, de cómo invertir sus días para multiplicar ese milagro, para vivir de ese milagro, para ser una portadora de ese milagro, para darle vida a sus hijos. Qué bueno para una madre puede tener algo con que darle vida a sus hijos; pero luego tenemos este segundo milagro, ahora es en favor de una mujer rica, lo cual nos recuerda que podemos tener toda en la vida y de un momento a otro perder algo que realmente es importante para nosotros. Una crisis llega a tu vida y también el Señor te puede dar un milagro, y lo puede hacer porque un día dijiste: tengo un plan bien pensado para ser buena, ser generosa con aquella persona que se lo merece, con aquella persona que Dios me está moviendo a hacerlo y Dios se acuerda de ti cuando tú pasas esa crisis y también escucha tu oración. Pero sabes a veces el hombre de Dios, las mujeres de Dios, el pueblo de Dios, también pasan por crisis. Y en este mismo capítulo, Dios me muestra que Eliseo también pasó por una crisis de hambre. Vamos a leerlo, dice:

«Eliseo regresó a Gilgal, y había hambre en la tierra. Cierto día, mientras un grupo de profetas estaba sentado frente a él, le dijo a su sirviente: «Pon una olla grande al fuego y prepara un guisado para el resto del grupo».

Entonces uno de los jóvenes fue al campo a recoger hierbas y regresó con el bolsillo lleno de calabazas silvestres. Las cortó en tiras y las puso en la olla, sin darse cuenta de que eran venenosas. Sirvieron un poco del guisado a los hombres, quienes después de comer uno o dos bocados, gritaron: «¡Hombre de Dios, este guisado está envenenado!». Así que no quisieron comerlo.

Eliseo les dijo: «Tráiganme un poco de harina». Entonces la arrojó en la olla y dijo: «Ahora está bien, sigan comiendo». Y ya no les hizo daño.

Otro día, un hombre de Baal-salisa le trajo al hombre de Dios un saco de grano fresco y veinte panes de cebada que había preparado con el primer grano de su cosecha. Entonces Eliseo dijo:

—Dénselo a la gente para que coma.

—¿Qué? —exclamó el sirviente—. ¿Alimentar a cien personas solo con esto?» (v. 38-43)

Amigo, amiga, tal vez tú eres un pastor o un siervo de Dios, un ministro. Tal vez tienes un ministerio o tal vez tienes una empresa en la cual 100 personas están ahí esperando para comer de lo que produce este negocio, este emprendimiento, este ministerio, esto que tú diriges. Sigamos leyendo:

«Pero Eliseo reiteró:

—Dénselo a la gente para que coma, porque esto dice el Señor: "¡Todos comerán, y hasta habrá de sobra!".

Cuando se lo dieron a la gente, hubo suficiente para todos y sobró, tal como el Señor había prometido.» (v. 43-44)

Amigo, amiga, veamos qué podemos aprender de esta situación de crisis: El hombre de Dios hizo algo, el hombre de Dios que tenía fe, dijo:

—OK, esto está envenenado, el agua, todo. ¿Que tengo en la mano? ¡Harina! ¿Qué tengo yo aquí? Harina, ¡pongamos la harina. Creamos en Dios!.

Se hizo el milagro, ¿sabes porque? Porque cuando necesitamos un milagro lo que necesitamos es creer en el Señor y que Él te dé una palabra, y este era un hombre de Dios y lo hizo.

Hay veinte panes, con esto no vamos a comer 100 personas.¿Quién va a comer? Pues el profeta dice: se va a hacer un milagro, porque un milagro es lo que necesitamos. Y el Señor te dice eso también. Hoy el Señor puede hacer un milagro con lo que tú has recibido, todos pueden comer con lo que tienes en tu mano.

¿Qué cosas buenas pueden salir de la crisis? Porque parece que a los pobres les puede llegar la crisis, a los ricos les puede llegar la crisis, a un hombre de Dios y un grupo de profetas le puede llegar la crisis y en todo momento nos damos cuenta de que cuando llega la crisis hay una oportunidad y el Señor nos saca de la crisis, ¡que nos quede bien claro eso!

Pero yo he aprendido que hay algunas cosas buenas que nosotros podemos sacar de la crisis. Yo siempre digo que la crisis se escribe con C, pero también carácter, carácter se escribe con C de crisis. Y es que cuando atravesamos una crisis podemos escoger la amargura, o podemos escoger los valores de la satisfacción, de la serenidad, de la plenitud y también del orgullo de quién eres y de lo que puedes lograr día a día, confiando en el Señor.

Mirando a una de las crisis que has experimentado, tal vez tú puedes analizar, ahora mismo, y pensar cómo tu carácter ha cambiado. Tal vez no sé si tú recuerdas si eres suficientemente mayor, puedes recordar tal vez algún día donde perdiste tu trabajo o casi perdiste tu trabajo, y debido a eso tu carácter se fortaleció y tú dijiste:

—Tengo que levantarme temprano, tengo que llegar al trabajo temprano o tengo que poner mis prioridades en orden.

Así que de la crisis podemos traer carácter, podemos levantar carácter. Pero también de la crisis que se escribe con C puede venir la creatividad. Creatividad como la de esta mujer que empezó su negocio de aceite y nosotros también podemos pedirle al Señor que nos dé creatividad. Crisis se escribe con C de crecimiento. Todas estas Cs las explico en detalle en el plan divino, que es un programa que tenemos para todas nuestras mujeres que trabajan con nosotros como Mujer Valiosa y estoy solamente dándote un resumen; pero es muy importante que tú entiendas que cuando pasas por una crisis puede venir algo bueno en materia de nuevas oportunidades y una de las grandes oportunidades que tenemos es la de crecer, de tener creatividad y también de poder crecer en nuestro carácter. Una de las cosas que nosotros podemos crecer cuando atravesamos una crisis es nuestra fe. Nuestra fe crece cuando nosotros vemos milagros, y esos milagros nos pueden apoyar cuando pasamos por otros momentos difíciles o desafíos, no necesariamente crisis. Pero también la crisis se escribe con C, al igual que la compasión, y esto es muy importante porque cuando pasamos por circunstancias de crisis aprendemos que en el camino nos acompañan otros que sufren y algunos que sufren aún más que nosotros.

En el camino donde yo transitaba, cuando yo sentía que había algo terrible pasándome: «oh no, pasé la crisis de la infertilidad. No he podido tener hijos». El Señor me llevó al primer orfanato, y en ese orfanato conocí a 24 niños huérfanos, y me di cuenta que ellos estaban pasando por un dolor mucho más grande que el dolor que yo podía sentir con esa infertilidad, pero atravesando este dolor juntos y al conocerlos, y al Señor permitirme entrar a otros orfanatos y dejarme saber que lo que Él quería era que yo les dejara saber que Él es el padre del huérfano, poder abrazar algunos, poder adoptar otros, poder orar por muchos, me he dado cuenta de que en la crisis nosotros podemos obtener un nuevo corazón, uno más compasivo.

Si tu crisis tiene que ver con tu situación económica porque perdiste tu salario, cuando el Señor te saca de esa crisis, te puede dar un corazón compasivo por aquellas personas muy pobres que no tienen alimento. Así que, no olvides en la crisis lo que has aprendido. En una adopción que no resultó, también te puede recordar aquellos niños que están en un orfanato que todavía aún no han alcanzado tener un padre o una madre.

CRISIS SE ESCRIBE CON C DE CRISTO

Pero la crisis también se escribe con C con la C de Cristo. Así es. Como podemos ver en todas estas historias, aún en las circunstancias más traumáticas nos ayudan a que nosotros decidamos enfocarnos en la fe. Nuestro Señor Jesús, el Cristo es el autor y el consumidor de nuestra fe. Y también las crisis globales como las que estamos viviendo en este momento, son las avenidas muy muy concurridas por las que las personas conocen a Cristo, Jesús, el Mesías, y tal vez en el día de hoy tú dices:

—Rebeca, yo necesito conocer a Cristo, yo necesito llegar a Él. Realmente estoy pasando por una crisis. Y si tienes razón, Rebeca, crisis se escribe con C, pero también Cristo se escribe con C.

Hoy tú puedes aceptar su amor y su perdón, y luego, pedirle que te lleve al Padre, y así puedas llegar a ser un hijo de Dios y como hijo de Dios tú puedas tener esa herencia maravillosa. El Señor Jesús dice que su propósito fue darnos una vida plena y abundante. El propósito del ladrón es robar, matar y destruir. Mi propósito, dijo Jesús, es darte una vida plena y abundante. ¿Quieres recibir esa vida plena y abundante? ¿Verdad que sí?

Pues te invito a que hagas una oración conmigo. Ahí donde estás ora conmigo:

«Señor Jesús, gracias porque a ti no te importó pasar por una crisis terrible y morir en la cruz del Calvario para que yo pueda tener una vida plena y abundante. Te doy gracias por tu regalo. Reconozco que soy pecador, que no puedo salvarme a mí mismo y reconozco que tú viniste para poder tomar mi lugar. Gracias porque al aceptar yo hoy tu regalo. Gracias Jesús, porque a través de tu sacrificio yo puedo ser limpia de mi pecado. Yo recibo tu regalo, recibo ese sacrificio tuyo en lugar mío. Gracias porque a través de ese sacrificio puedo llegar a ser una hija de Dios. Gracias, Padre, por ese regalo hermoso de ser llamada una hija de Dios. Escribe mi nombre en el libro de la vida y gracias a Jesús por esa vida plena y abundante que tú me regalas hoy. Hoy te pido oh, Padre, que en este momento me ayudes en esta crisis que estoy atravesando. Espíritu Santo, ven a mí y háblame, dame los pasos, dame el plan bien pensado para mi vida. De ahora en adelante te pido que yo pueda tener las palabras correctas, que yo pueda tener la actitud correcta y que cada día pueda levantarme a trabajar hacia la meta que es, Señor, conocerte aún más cada día y poder estar contigo, ya sean en los momentos felices, momentos de desafíos, momentos de crisis. Gracias porque tú eres el Dios de mi vida. Te amo y te bendigo. Gracias por la salvación. Amén.»

Capítulo 7

Vive con la bendición de Dios

TE CUENTO UNA HISTORIA PERSONAL. Soy ingeniera de sistemas y tiempo atrás yo trabajaba como jefe de proyectos tecnológicos para una compañía de cruceros. Tenía mi jefe era el director y me asignaba proyectos. Esos proyectos incluían presupuesto, recursos humanos y todo lo necesario para desarrollarlos y terminarlos con éxito. Sin embargo, recuerdo que en una ocasión me llamó a su oficina y me entregó un proyecto muy peculiar: —Este proyecto fue aprobado por el presidente del negocio. Esto quiere decir que tiene que ser realizado; pero en el departamento de informática no tenemos dinero o recursos, no tenemos absolutamente nadie que se vaya a unir este proyecto. Y necesitamos que se realice y se termine con éxito.

Él continuó diciéndome que cuando supo de los desafíos presentes en el proyecto no se le ocurrió llamar a nadie más a su oficina, excepto a mí, porque parecía que era la única que no le tenía miedo a los retos.

Había algo que yo sabía y que él no. Primero, yo sí conocía cuál era mi condición: no era más valiente que los demás, tampoco la más astuta, ni una mejor ingeniera que mis compañeros, simplemente yo confiaba en la bendición de Dios. Muchas personas, cuando supieron de mi asignación, creyeron que era el caso típico de darle a una mujer un proyecto destinado al fracaso y luego despedirla por mal desempeño. Pero para la gloria de Dios, cuando terminamos ese proyecto, no solo que fue todo un éxito, sino que hasta el día de hoy, le entrega a la compañía un millón de dólares en ganancias todos los años. ¿Cómo lo logré? Con la gracia de Dios, con Su favor.

Recuerdo que gané el favor del director y él me llamaba cada vez que habían proyectos que tenían ese tipo de desafíos. Me decía:

—Rebeca, eres el secreto mejor guardado de la empresa.

Este tipo de logros siempre tienen premios, así que él estaba feliz de poder ganarse todos esas recompensas a través de su jefa de proyectos que no parecía tenerle miedo a nada. De esa manera yo estaba dando testimonio de que nosotros podemos colocar nuestra confianza en Dios aun en medio de desafíos y crisis, y que Él no nos va a dejar en vergüenza.

Lo que vamos a estudiar en este capítulo tiene referencia a lo que Dios siempre ha querido hacer y aún quiere hacer con nuestras vidas.

En el Antiguo Testamento hay una historia de un hombre muy importante, una persona que logró hacer maravillas, aunque no tenía muchos recursos pero sí la bendición de Dios. Solo que no siempre lo entendió así siempre: tuvo que aprenderlo en el camino. Las Sagradas Escrituras nos cuentan que venía de una familia pobre, y vivió en una época donde Israel tenía muchos enemigos; uno de ellos en particular era muy cruel, y el pueblo de Dios vivía en zozobra a causa de los constantes ataques. El país estaba en aprietos. Cada cierto tiempo, estas personas venían al campamento de Israel y se llevaban todo lo que se había cosechado y guardado, y empobrecían cada vez más a la nación. Jueces 6:2-6 (NTV) dice:

«Era tal la tiranía de los madianitas que los israelitas se hicieron escondites en las montañas, las cuevas y otros lugares de refugio. Siempre que los israelitas sembraban, los madianitas, amalecitas y otros pueblos del oriente venían y los atacaban. Acampaban y arruinaban las cosechas por todo el territorio, hasta la región de Gaza. No dejaban en Israel nada con vida: ni ovejas, ni bueyes ni asnos. Llegaban con su ganado y con sus carpas como plaga de langostas. Tanto ellos como sus camellos eran incontables, e invadían el país para devastarlo.

Era tal la miseria de los israelitas por causa de los madianitas que clamaron al Señor pidiendo ayuda.»

Cuando nosotros sentimos que no somos valientes para enfrentar los desafíos que están frente a nosotros, cuando nos sentimos en desventaja y nos encontramos atravesando una gran crisis, vemos la necesidad de clamar al Señor pidiendo ayuda, y ahí es donde nacen los héroes de la fe. Dios es el héroe de nuestras historias de crisis pero las crisis son un buen momento para creerle a Dios y convertirnos en héroes de la fe.

DIOS DECIDE HACER ALGO POR MEDIO DE UN HOMBRE

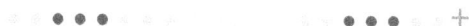

Cuando estamos en medio de una crisis y sentimos que Dios nos da una asignación, esta se convierte en una gran hazaña. En la historia del pueblo de Israel, Dios también escogió un hombre para enfrentar esta gran crisis, este hombre es Gedeón y dice la Biblia en Jueces 6:12 (NVI):

«Cuando el ángel del Señor se le apareció a Gedeón, le dijo:

—¡El Señor está contigo, guerrero valiente!»

Este hombre no había peleado y Dios le llamaba «guerrero valiente», porque al Señor le encanta llamar las cosas que no son como si ya fuesen. Cuando Gedeón tuvo ese encuentro con Dios, empezó a darle una lista de todas las desventajas que tenía: su pobreza, su familia de origen, su falta de valentía. Él estaba viviendo un tiempo difícil —como tal vez tú lo estés en este momento— y era algo que afectaba al pueblo de Israel.

Pareciera como que Dios hubiese escogido a la persona menos indicada, en términos de mérito o talento, para dirigir este proyecto nacional. Pareciera que enfrentar a sus enemigos fuese un decreto de muerte.

EL SEÑOR MUESTRA SEÑALES

● ● ●   ● ● ● +

La historia de Gedeón nos dice que Dios está dispuesto a mostrarnos una señal de Su favor y Su presencia en medio de las dificultades. Es interesante leámoslo:

Gedeón le pidió señales al Señor y Él se las concedió.

El campamento madianitas estaba en el valle, directamente abajo, en donde se encontraba Gedeón. Quiere decir que él estaba arriba y él podía ver a sus enemigos. Y recuerda, si tú lees la historia completa, vas a recordar que el Señor le dijo que solamente necesitaba ir con 300 hombres. Tienes que leer toda la historia porque es interesante como el Señor escogió realmente a Gedeón para ir a esta batalla y le dijo

—Tú vas a vencerlos como si estuvieras peleando con un solo hombre.

Leamos la historia:

"Entonces esa noche el señor le dijo Levántate, desciende al campamento madianitas porque te he dado la victoria sobre ellos. Pero si tienes miedo de atacar, desciende al campamento con tu siervo Fura. Escucha lo que dicen los madianitas y cobrarás mucho ánimo. Entonces estarás ansioso por atacar."

Qué hermosa las palabras del Señor. El Señor le dice Gedeon, despiértate, levántate, vamos, que yo te he dado la victoria. El Señor ya le dijo que la victoria era suya. Pero le dice "si tú tienes miedo de atacar", qué compasivo el Señor, que Él pueda decir:

—Tú llegaste a mi con tu lista de desventajas y a veces también como ser humano, tú puedes sentir temor.

A veces ni tú ni yo queremos ir completamente a ciegas y el Señor nos dice:

—OK, te permito que no vayas completamente ciego. Quiero que veas todo lo que yo he trabajado de antemano para ti y en favor de ti.

Cuando Dios nos envía a hacer algo, ese "algo" no empieza ahí, no comienza cuando El te habló, ya el Señor ha estado trabajando, ya el ha hecho un pre trabajo por nosotros y esto es lo que nosotros vamos a ver en esta porción de las Sagradas Escrituras, dice:

"Así que Gedeón, acompañado por Fura, descendió hasta el límite del campamento enemigo. Los ejércitos de Madián, de Malek y del pueblo del Oriente se habían establecido en el valle como un enjambre de langostas, o sea, mucha gente. Sus camellos eran como los granos de arena a la orilla del mar, imposibles de contar. Entonces Gedeón se acercó sigilosamente, justo cuando un hombre le contaba un sueño a su compañero. Tuvo un sueño, decía el hombre, en el cual un pan de cebada venía rodando con costa abajo hacia el campamento Marianita. Entonces, cuando golpeaba una carpa, la volteaba y la aplastaba. Su compañero le respondió Tus sueños sólo puede significar una cosa. Dios le ha dado a Gedeón, hijo de hijo de aguas. El israelita. La victoria sobre remedian y todos sus aliados."

¡Qué especial es nuestro Dios, que nos pueda dar una entrada a ver lo que Él ya ha estado trabajando por nosotros, para nuestra bendición para sacarnos de la crisis! ¡Qué hermoso saber también que esta historia está escrita para que tú y yo podamos entender que así actúa el Señor en favor de todo su pueblo, Él es nuestra ayuda y acompaña a sus hijos y a sus siervos en sus asignaciones divinas!

DIOS TRABAJA EN EL CORAZÓN DEL ENEMIGO

El Señor le dijo a Gedeón: "ve a la batalla, ya es tuya la victoria". Pero Gedeón necesitaba saber, y nosotros también, que Dios ya había hecho el trabajo necesario en el corazón de los enemigos. Es como si Gedeón hubiese escuchado decir a Dios:

—Si tú tienes miedo, yo quiero que tú escuches los miedos que tienen ellos.

El Señor ya había preparado el corazón del enemigo por medio de un sueño, una pesadilla. Imagínense, uno de estos hombres veía en su sueño a un pan gigante que bajaba por las montañas y se llenaba de piedras y se llevaba con la fuerza lo que encontraba en el camino y destruía todo.

"Entonces, cuando Gedeón, oyó el sueño y la interpretación se inclinó en adoración ante el Señor. Luego regresó al campamento israelita y gritó Levántense, porque el Señor les ha dado la victoria sobre las multitudes madianitas.

Así que dividió a los 300 hombres, sólo 300 hombres entre grupos, y les pidió a cada hombre un cuerno de carnero y una vasija de barro con una antorcha dentro. Después le dijo Fíjense en mi. Cuando yo llegué al límite del campamento, hagan lo mismo. Que yo. En cuanto yo y los que están conmigo toquemos los cuernos de carnero, ustedes también toquen sus cuernos alrededor de todo el campamento y griten por el Señor y por Gedeón."

Qué majestuoso recuento y qué final victorioso. Gedeón terminó con éxito esta gran hazaña. Si sigues leyendo toda la historia, el pueblo de Israel quería coronar a Gedeón como su rey; por supuesto, es entendible: el pueblo había sido liberado por un guerrero que los sacó de la crisis y les dio la victoria sobre sus enemigos.

UNA CRISIS QUE TRANSFORMA

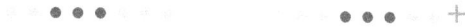

Este hombre se convirtió en lo que Dios había declarado acerca de él y utilizó esa crisis para transformarse. Gedeón no aceptó el cargo de rey que le ofrecieron. En ese momento de la historia, el pueblo de Israel era gobernado por jueces y todavía no existían reyes, Gedeón fue el primer rey que el pueblo pidió. Pero él no aceptó esta magnífica y honorable oferta ya que en su corazón humilde el podía decir:

— Yo sé que no fui yo. Yo sé que fue el Señor.

El pueblo quería coronarlo rey, pero él sabía que el rey es Dios. Gedeón simplemente había sido escogido para una tarea, para enseñar, primero a él y luego al pueblo de Israel, y también a nosotros que leemos esta historia, que todo lo que necesitamos para lograr el éxito en cualquier proyecto o en medio de cualquier crisis que atravesamos es tener la bendición de Dios. Esta bendición no es lo que Él nos da en recursos materiales o humanos: es Su presencia.

EL PELIGRO DE NUESTRAS EXCUSAS

Leamos nuevamente la respuesta de Dios cuando Gedeón presenta excusas, porque esto es la reacción normal de todos y Gedeón no fue la excepcion, el presentó sus excusas.

Sabemos que él llegó a la victoria, pero ¿cómo lo hizo? ¿Qué es lo que hay en el centro de todo esto que hizo que este hombre que se sentía pobre, que se sentía que no era capaz de hacer este llamado, el desafío era demasiado grande para él, cómo logra él luego tener esta victoria? ¿Qué pasó en el centro? Esto es lo que sucedió. Leemos así:

"Cuando a entonces el señor Miró miró a Gedeón y le dijo ¿Ves tú con la fuerza que tienes? Y rescata a Israel de los madianitas. Yo soy quien te envía, entonces lo primero que vemos es que Dios nos dice. Dios le dice a Gedeón Esta es tu asignación y si es una asignación, ve tú con la fuerza que tienes. Luego viene la excusa, dice. Pero el Señor respondió Gedeón, cómo podré yo rescatar a Israel? Mi clan es el más débil de toda la tribu de

Manasés y yo soy el de menor importancia. Mi familia es la excusa. Y el Señor, le dije le dijo Esto es lo que va a quitar tu excusa, yo estaré contigo. Y destruídas a los madianitas como si estuvieras luchando contra un solo hombre."

¿Cuáles han sido tus excusas? Gedeón tenía muchas: No soy de la familia correcta. Somos pobres, no tengo recursos.

Cuando pasamos por una crisis nos llenamos de excusas y ¿sabes qué es lo peor que nos puede ocurrir cuando estamos en medio de una crisis? que las personas pueden acercarse a nosotros, digamos que estamos atravesando una crisis personal, no una crisis de nación, como le sucedió a Gedeón, y nosotros empezamos a colocar excusas y las personas pueden llegar a nosotros con una respuesta de parte de Dios, pero pueden sentirse tímidos de decirnos:

—Mira, yo sé que lo que tú estás diciendo viene de lo que estás viendo y de lo que estás viviendo, pero al final son excusas.

Y es muy difícil decirlo, porque uno podría decir:

—Yo no le puedo hablar de esa manera a esa persona que está pasando por una situación tan dura, va a pensar que la estoy criticando, que lo estoy acusando de su condición.

Pero Dios, Él es el que nos dice claramente cuál debe ser nuestra mentalidad frente a una crisis, cuando

- no tenemos ni los recursos,

- no tenemos ni las ganas,

- no somos los indicados,

- somos pobres,

- nadie nos valora en la sociedad.

- Cuando la pregunta de Gedeón fue:

—¿cómo podría yo hacerlo? No tengo los recursos, con qué lo voy a hacer y cómo lo voy a hacer?

El Señor te dice:

—no es cómo lo vas a hacer

ni con qué lo vas a hacer,

es con quién lo vas a hacer.

—Yo estaré contigo

Esta es exactamente la respuesta de Dios para todas nuestras excusas cuando Él nos asigna una tarea: Yo estaré contigo. Cuando sabemos que Dios va con nosotros, que Él es un Dios bueno y poderoso entonces sabemos que no importa lo que tengamos que enfrentar, en la obediencia está nuestra victoria.

EL SEÑOR SE VISTE DE GEDEÓN

Es interesante ver la expresión que utiliza el historiador en Jueces 6:34 (NTV), cuando describe lo que hizo la diferencia en la vida de Gedeón, dice así:

«Entonces el Espíritu del Señor vistió a Gedeón de poder...»

El espíritu del Señor vistió a Gedeón. Fue como si Dios le hubiera colocado una capa: vistió de poder a Gedeón. La palabra que se utiliza en este fragmento de la Biblia es *labash,* la cual puede significar que Gedeón fue poseído, que él era el vestido del Espíritu de Dios.

Cuando Dios nos da una asignación, somos revestidos, investidos de poder. Cuando aceptamos a Jesús como nuestro Salvador, el Espíritu de Dios mora en nosotros, es como si el Espíritu de Dios se vistiera de nosotros.

Los hombres escogidos por Dios no tienen como propósito convertirse en héroes, sino mostrar cómo Dios tiene el poder además de la intención y el plan para bendecir al pueblo y a la humanidad. Cuando Dios revistió de poder a Gedeón, Él estaba diciendo: el héroe no es Gedeón, el héroe soy yo.

Gedeón, fue el primero en saber que el héroe era Dios. De esta historia entendemos que cuando el Señor nos envía a hacer algo, no nos está enviando para nosotros ser los héroes de la historia, Él lo es, pero nosotros podemos ser héroes de la fe. Nos convertimos en héroes de la fe porque nos movemos a ser y a realizar lo que Dios quiere hacer a través de nosotros en la historia que nos tocó vivir.

Esto es lo que comprendo que significa vivir con la bendición de Dios: entender que cuando Dios nos envía, a pesar de nuestras debilidades, nuestra falta de talento, aún podemos caminar hacia adelante en esperanza. Y si Dios decide bendecir a nuestra comunidad, a nuestra familia, a nuestro país y al mundo entero a través de nosotros, al final el héroe es Dios. A nosotros se nos da la oportunidad de ser un héroe de la fe:

alguien que le creyó a Dios y que se movió. Ese es nuestro gran desafío, y para eso es la bendición de Dios.

BENDECIDOS PARA BENDECIR

Lo que sucede es que muchas veces, cuando hablamos de vivir con la bendición de Dios, creemos que es lo que yo vamos a recibir. Pero ese es nuestro antiguo *yo* pensando. Este es nuestro ego. El Espíritu de Dios viene a nosotros para hacer realidad los planes de Dios para esta generación. Él nos da el deseo y la pasión para realizar obras divinas.

¿Qué obras ha puesto Dios en tus manos, obras que te transformarán en otra persona?

LAS ACCIONES DE LA FE NOS TRANSFORMAN

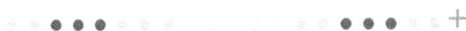

En un capítulo anterior vinos la historia de Ana. Ella era estéril; y la otra esposa de su marido tenía hijos y por esto Ana era una mujer menospreciada. Pero a través de las obras de la fe, ella se convirtió en una heroína de la fe cuando le creyó a Dios y accionó en base a la fe. Como consecuencia, el Señor la transformó en una persona diferente. Una vez que tuvo a Samuel y Dios le concedió más hijos, ella ya no fue una mujer menospreciada y estéril.

De igual manera Dios quiere obrar en nosotros. Y así como Él no solo bendijo a Ana, sino también a todo el pueblo de Israel a través de ella, Él puede hacer de nosotros héroes de la fe.

EL MAPA DE LA BENDICIÓN

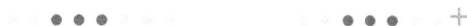

Las Sagradas Escrituras nos dicen que en Abraham todas las familias de la tierra fuimos bendecidas. Quiere decir que tú y yo somos bendecidos por medio de nuestro padre Abraham. La intención de Dios al bendecir a Abraham es también bendecir al pueblo de Israel, a sus generaciones y al mundo.

Cuando vemos la historia de Israel, nos damos cuenta de que el Señor fue fiel con Abraham y con todos sus descendientes. Es por esto que a Gedeón le dio la victoria, porque él tenía la bendición de Abraham. Ahora, cuando él puso en marcha el plan con la estrategia que Dios le dio, se transformó en un nuevo hombre.

En el capítulo 8, cuando el ejército enemigo describía a la familia de Gedeón, él preguntó así:

«Después les preguntó a Zeba y a Zalmuna:

—Los hombres que ustedes mataron en Tabor, ¿cómo eran?

—Se parecían a ti —le contestaron—, todos tenían el aspecto de un hijo de rey.

—¡Eran mis hermanos, los hijos de mi propia madre! —exclamó Gedeón—.»

Me impresiona que sus enemigos lo vieran con aspecto de príncipe.

Cuando nosotros le creemos a Dios entendemos que somos eso que Él dice que somos, que cuando Él nos entrega una asignación tenemos con ello Su bendición. Él nos ha revestido de poder para hacer Su plan y que el Espíritu Santo está en nosotros para algo especial; y si nos dedicamos en obediencia a ese propósito, al final nos convertiremos en otra persona. Es lindo ver que Gedeón, al principio de su historia, decía que era pobre, no tenía fuerza y era el menos indicado para la tarea. Sin embargo, al final, cuando alguien estaba hablando acerca de él y toda su familia, dijo que tenían el aspecto de príncipes. Dios transformó a Gedeón y por eso el pueblo lo veía como un rey.

Precisamente es lo mismo que quiere hacer Dios cuando nos bendice, y cuando lo hace nunca es para bendecirnos solo a nosotros, sino para ser de bendición a muchos otros más.

DE LEPROSOS
A HERALDOS DEL REY

En las Sagradas Escrituras hay otra historia parecida a la que vivió Gedeón. Cuando el pueblo también estaba en crisis, también estaban en frente de sus enemigos, su ciudad estaba totalmente cerrada y estaba escaseando la comida, y el rey estaba tan rabioso con Dios, estaba tan enojado por la situación que quiso matar a Eliseo. O sea, es como que no puedo matar a Dios, pero voy a matar al hombre de Dios porque Dios no ha hecho nada para cambiar la situación. Alguna vez te has preguntado ¿Por qué Dios no hace nada? Estamos en una terrible situación y parece que a Dios no le importa. Pero lo interesante de esta historia es que cuando el rey envió a buscar y matar a Eliseo (porque envió a matarlo, cortarle la cabeza) ya Eliseo lo sabía, Eliseo, dice la biblia que respondió algo parecido a esto:

—Solamente tienes que esperar hasta mañana, porque ya mañana la situaciónn va a cambiar.

Y esto es importante que lo tengamos en cuenta cuando la paciencia parece acabarse. Nosotros a veces estamos pasando por crisis y Dios nos tiene guardados, pero adicionalmente, Dios tiene un plan, tiene un plan y un tiempo para salvarnos y sacarnos de esa crisis, pero nosotros tenemos que aprender a esperar el tiempo de Dios.

Y es lindo porque la historia cuenta que habían cuatro leprosos que estaban fuera de la ciudad, por supuesto, estaban fuera porque eran leprosos, no podían estar cerca de las personas, estaban separados. Así que ellos estaban sentados allí solos y no sabían lo que estaba pasando en la mente del rey, no son amigos del rey para saber qué iban a matar a Eliseo, no son amigos de nadie, adentro no estaban escuchando lo que estaba pasando, simplemente saben que hay hambre y probablemente ellos también estaban pasando hambre, no se imaginan que están a punto de convertirse en héroes. Ellos deciden: ¿por qué mejor, en lugar de nosotros, sentarnos aquí, morir de hambre, por qué no empezamos a caminar hacia el ejército enemigo, a ver si encontramos allí algo de comer? Y es increíble, porque mientras estos leprosos caminaban, parece que Dios se "vistió de sus pies". El Señor utilizó esos cuatro leprosos caminando y tal vez el Señor iba delante de ellos. Cuando ellos caminaban la gente oía los pasos de Dios. Oían como si fuese un gran ejército que venía a atacarlos, de tal manera que ellos dejaron todo su campamento con todas las pertenencias completamente solo. Entonces, al llegar los leprosos a esa comunidad, mientras que la gente se escondía esperando la muerte por mano enemiga, estos leprosos fueron al campamente, se atrevieron a caminar y encontraron la bendición de Dios.

Muchas veces nosotros, cuando estamos en mayor desventaja que los demás, si nosotros empezamos a caminar en actos de fe, en lo que la fe nos dé, confiando en que Dios de alguna manera nos va a bendecir. Tal vez no sabemos cómo Dios nos va a bendecir, pero vamos a tomar una acción. Estos leprosos pudieron ver la mano de Dios y te invito ahora a leer lo que dice la Biblia, vamos a leerlo en 2 Reyes 7:5 (NTV):

«Así que, al ponerse el sol, salieron hacia el campamento de los arameos; pero cuando se aproximaron al límite del campamento, ¡no había nadie! Pues el Señor había hecho que el ejército arameo escuchara el traqueteo de carros de guerra a toda velocidad, el galope de caballos y los sonidos de un gran ejército que se acercaba. Por eso se gritaron unos a otros: «¡El rey de Israel ha contratado a los hititas y a los egipcios[d] para que nos ataquen!». Así que se llenaron de pánico y huyeron en la oscuridad de la noche; abandonaron sus carpas, sus caballos, sus burros y todo lo demás, y corrieron para salvar la vida.

Cuando los leprosos llegaron al límite del campamento, fueron de carpa en carpa, comieron y bebieron vino, sacaron plata, oro y ropa, y escondieron todo. Finalmente se dijeron entre ellos: «Esto no está bien. Hoy es un día de buenas noticias,

¡y nosotros no lo hemos dicho a nadie! Si esperamos hasta la mañana, seguro que nos ocurre alguna calamidad. ¡Vamos, regresemos al palacio y contémosle a la gente!».

Así que regresaron a la ciudad e informaron a los porteros lo que había sucedido. «Salimos al campamento arameo — dijeron—, ¡y allí no había nadie! Los caballos y los burros estaban atados, y todas las carpas estaban en orden, ¡pero no había ni una sola persona!». Entonces los porteros gritaron la noticia a la gente del palacio.»

Increíble cómo el Señor utilizó a cuatro leprosos para mínimo dar la noticia de la gran bendición del Señor. Muchas veces nosotros queremos la bendición del Señor, pero nos desesperamos y con esta historia en evidente y entendemos que, Él puede utilizar y puede sacarnos de esa crisis en cualquier momento y puede utilizar leprosos primero para ahuyentar, porque de pronto utilizó sus pasos y los aumentó, y también los utilizó para traer las buenas noticias de que el enemigo ya no era una amenaza. Mínimo eso, estos hombres pasaron de leprosos a heraldos del gran Rey del universo.

Somos bendecidos cuando el Señor decide bendecir a todo un pueblo como lo hizo con Gedeón para sacarnos de esas dificultades, y también somos bendecidos cuando el Señor escoge unos leprosos y los envía, cuando ellos en su accionar en fe diciendo "algo bueno puede salir de todo esto" y empiezan a caminar y al ver la bondad de Dios, se convierten en portadores de buenas noticias. Salieron cuatro leprosos y regresaron como heraldos para el rey de Israel y su pueblo.

BENDÍCEME EN VERDAD

●●● ● ●●●● +

¿Alguna vez has querido ser bendecida? ¿Será que Dios piensa mal de nosotros cuando queremos ser bendecidos?, ¿pensará que es algo vanidoso? Vamos a buscar la respuesta leyendo la historia de Jabes, dice así 1 de Crónicas 4:9-10 (NTV):

«Había un hombre llamado Jabes, quien fue más honorable que cualquiera de sus hermanos. Su madre le puso por nombre Jabes porque su nacimiento le causó mucho dolor. Él fue quien oró al Dios de Israel diciendo: "¡Ay, si tú me bendijeras y extendieras mi territorio! ¡Te ruego que estés conmigo en todo lo que haga, y líbrame de toda dificultad que me cause dolor!»; y Dios le concedió lo que pidió."»

Era un hombre que nació en dolor y fue marcado al nacer. Muchos de nosotros al nacer fuimos marcados como no deseados. Nuestras madres a veces cuentan historias sin darse cuenta de que nos están hiriendo, y dicen:

—Yo no quería tener hijos. Traté de abortar, pero al final vivió.

Eso nos hace sentir menospreciados. Tal vez fuiste marcada porque fuiste huérfana a temprana edad. Quizá tuviste expectativas negativas acerca de tu existencia. Creo que eso es lo que sucedía con la mamá de Jabes. Pero así como Jabes, nosotros también podemos aprender a vivir bajo la bendición de Dios, ¿y cómo podemos lograrlo? De la misma manera como lo hizo Jabes: pidiendo al Señor.

La bendición de Dios nos puede librar de ese pasado de dolor. Es posible que en tu cultura, en tu entorno, aun en la religiosidad, hayas sido condicionada a conformarte a vivir una vida que no espera mucho y es insignificante; pero Dios quiere que seas bendecida. Esa es Su voluntad. Él quiere moverse en y por medio de ti para realizar proezas en tu casa, en tu comunidad, en tu ciudad, en tu país y en el mundo. No importa si la sociedad te considera como un leprosa, una cobarde o que vale poco; cuando Dios se viste de ti, tú eres transformada con el poder de lo alto para:

- trabajar y hacer las obras de la fe,

- edificar los edificios que Dios quiere que se levanten,

- escribir los libros que Dios quiere que se publiquen,

- crear las empresas que Dios quiere que sean prósperas,

- crear productos que van a ayudar y bendecir a tu generación y a tu negocio.

Las Sagradas Escrituras nos dicen que Dios le concedió su petición a Jabes y no le recrimino por hacer esa oración.

¿Te atreves tu a pedirle a Dios su bendición? Recuerda la bendición de Dios es Su presencia en tu vida.

Hoy te presenté a Dios. Te expliqué que Él tiene la intención de bendecirte porque la Biblia dice que en Abraham Dios bendice a todas las familias de la tierra, y eso te incluye a ti.

Los descendientes de Abraham son Isaac, Jacob, las doce tribus de Israel. En el pueblo de Israel hubieron reyes como David y luego Salomón. Además hay una lista de mujeres que Dios utilizó, entre ellas está Rahab, la que un día fue ramera, no era parte del pueblo de Israel, sino que por medio de la fe, ella llegó a ser parte de la genealogía de reyes; y también está Rut, la moabita. Y entre todos esos reyes vemos que el Señor Jesucristo llegó a la tierra y nació de esta genealogía. Jesús dijo:

«Porque de tal manera amó Dios al mundo que dio a su Hijo unigénito, para que todo aquel que en él cree no se pierda mas tenga vida eterna.»

Él estaba hablando de sí mismo. Y luego, hablando del Padre, dice,:

«Porque no envió el padre a su hijo al mundo para condenar al mundo, sino para que el mundo se salvó por él.»

Todo comienza cuando tú pones tu fe en Dios por medio de Jesús.

¿Quieres hacerlo? ¿Quieres iniciar el proyecto más grande y más importante de tu vida, esto es, la salvación de tu alma y también decidir el lugar donde vas a vivir por la eternidad? ¿Te animas a hacerlo hoy? Si es así, te invito a que cierres tus ojos y hagas una oración conmigo.

Padre amado, te damos las gracias porque sabemos que podemos vivir con tu bendición, porque esa es tu voluntad. Gracias, porque a través de tu Palabra entendemos que desde el principio tenías un plan para bendecirnos, y ese plan, Señor, se cumple a través de Jesucristo. Es por eso que en el día de hoy nosotros aceptamos tu regalo de salvación por medio de tu Hijo. Perdona nuestros pecados. Hoy acepto a Jesús como mi Señor y Salvador. Gracias, Señor, por la bendición que tengo de llegar a ser tu hijo en Cristo Jesús. Amén.

"Un libro cambia vidas.
La primera vida que cambia es la de su autor"
- Rebeca Segebre

REBECA
SEGEBRE
MINISTRIES

Para más información, recursos y eventos visita:
www.RebecaSegebre.org
www.Vive360.org
Email: rebecasegebreweb@gmail.com

Medios sociales:
Facebook: @RebecaSegebreOficial
Instagram: @RebecaSegebre
Twitter: @RebecaSegebre

Biografía
Rebeca Segebre

Rebeca Segebre es ingeniera de sistemas, maestra de la Biblia, graduada en teología y prolífica escritora, reconocida en el mundo hispano por su trabajo con la mujer, huérfanos y la adopción. Se hizo muy conocida a través de sus primeros cinco libros éxitos en ventas y sus populares reflexiones *Un minuto con Dios*. Ella además es la presidenta de Editorial Güipil. En el área empresarial se ha destacado como gerente de proyectos para las empresas americanas Fortune 500. Rebeca además es conferencista y fundadora del movimiento *Mujer valiosa*; que provee recursos, capacitación, libros y seminarios mensuales gratuitos. *Mujer valiosa* es parte del esfuerzo para capacitar a la mujer latina con materiales basados en las Sagradas Escrituras.

Rebeca Segebre Ministries una organización sin fines de lucro 501(c3)

Artículos, audios, videos, estudios bíblicos de Rebeca Segebre Ministries
www.Vive360.org

Eventos, libros y conferencias de Rebeca.
www.RebecaSegebre.org

Cursos de la academia *Escribe y Publica tu Pasión*
www.EscribeYpublica.com

Conoce Editorial Guipil
www.EditorialGuipil.com

- ESCRIBE Y PUBLICA -
Tu Pasión
A C A D E M Y

El programa académico en línea # 1 para escribir, publicar y lanzar tu libro. Inscríbete hoy para descubrir y aprender todo lo que conlleva llegar a ser un autor de éxito en el mundo editorial de hoy y cómo tu también puedes lograrlo.

www.EscribeyPublica.com

9 7 8 1 7 3 3 2 4 4 7 8 7